AF672425

Les déportés politiques au bagne de Ndjolé (Gabon) 1898-1913

Études africaines
Collection dirigée par Denis Pryen

Dernières parutions

Ngimbi KALUMVUEZIKO, *Congo-Zaïre. Les acteurs de l'histoire*, 2013.
Mwamba TSHIBANGU, Alexis KABAMBI, *Étienne Tshisekedi, la trajectoire vers la présidence*, 2013.
Barthélémy NTOMA MENGOME, *La Bataille de Libreville. De Gaulle contre Pétain : 50 morts*, 2013.
Alfa Oumar DIALLO, *Bien enseigner en Afrique, oui, mais avec qui et comment ?*, 2013.
Régine NGONO BOUNOUNGOU, *La réforme du système pénitentiaire camerounais. Entre héritage colonial et traditions coloniales*, 2013.
Augustin TCHAMENI, *Évolutions contemporaines du régionalisme africain*, 2013.
Antoine NGAKOSSO, *Réformes fiscales en Afrique. Le management du changement*, 2013.
Jean-Baptiste NKULIYINGOMA, *Rwanda : le pouvoir à tout prix*, 2013.
Alain Laurent ABOA, Hilaire DE PRINCE POKAM et Aboubakr TANDIA, *Démocratie et développement en Afrique : perspectives des jeunes chercheurs africains*, 2 volumes, 2013.
Fidèle BEKALE B'EYEGHE, *Souveraineté alimentaire en Afrique subsaharienne. Le cas du Gabon,* 2013.
Patrice MOUNDOUNGA MOUITY, *Le NEPAD. Histoire, défis et bilan 10 ans après,* 2013.
Prudent Victor TOPANOU, *Introduction à la sociologie politique du Bénin*, 2013.
Fidèle ALLOGHO-NKOGHE, *Quartiers informels et politiques de la ville*, 2013.
Sadio CAMARA, *La longue marche pour l'indépendance et les libertés démocratiques au Sénégal,* 2013.
Hygin Didace AMBOULOU, *Traité congolais de droit du travail et de la sécurité sociale,* 2013.

Hugues Mouckaga

Les déportés politiques au bagne de Ndjolé (Gabon) 1898-1913

L'Almamy Samory Touré, Cheikh Amadou Bamba Mbacké, Dossou Idéou, Aja Kpoyizoun, et les autres

Préface du professeur Dominique Ngoïe-Ngalla

L'Harmattan

Publiés par le même auteur

Chez l'Harmattan

- La Rome Ancienne : 1er siècle avant Jésus-Christ-1er siècle après Jésus-Christ, 2006
- Vivre et Mourir à Rome et dans le Monde Romain, 2007
- L'Abécédaire de la Rome Ancienne, 2008
- Méthodologie pour un Compte Rendu critique, 2009
- L'histoire Romaine dans les Universités africaines. Passer les examens sans fraude, 2009
- Les *Bapunu* du Gabon, communauté culturelle d'Afrique Centrale : (Sexualité, veuvage, alcoolisme, esclavage, maraboutage, anthropophagie. Pour en finir avec les idées reçues !), 2010
- Heurs et malheurs de Carthage face à Rome. *Delenda (est) Carthago !* 509-146 av. J.-C., 2011

En préparation :

- Riches et généreux. Les notables de l'Afrique Proconsulaire (27 av. J.-C. – 284 ap. J.-C.)
- Guide pratique pour l'élaboration et la soutenance d'un travail de recherche (Mémoire de Master, Thèse de Doctorat) en Histoire
- Affaires gabonaises. Les *Bapunu* dans l'œil du colonisateur : XIXe -XXe siècles
- Le pouvoir : un aphrodisiaque ? Hommes politiques et sexualité dans la Rome Ancienne
- Les Romains et la mer : Textes de référence
- Femmes et beauté dans la Rome Ancienne
- Les petites gens dans la littérature latine de l'époque républicaine
- Mouila (Gabon). Etude politique, économique et sociale. C. XVe s. – 2012
- Politiques gouvernementales et réalités culturelles au Gabon sous le magistère d'Omar Bongo Ondimba, de Lazare Digombe à Paul Mba Abessole (1992-2009) : Verbatim.

© L'Harmattan, 2013
5-7, rue de l'École-Polytechnique ; 75005 Paris

Http://www.librairieharmattan.com
Diffusion.harmattan@wanadoo.fr
Harmattan1@wanadoo.fr

ISBN : 978-2-343-00516-4
EAN : 9782343005164

À

ma très chère sœur aînée et aimée,

Virginie Ibondou Nzamba,

« Mâ Vivie »,

femme de cœur et de caractère,

toujours disponible et serviable,

âme généreuse et maternelle,

esprit brillant,

mens sana in corpore sano,

arrachée très tôt à ce bas et triste monde,

pour aller s'endormir dans l'espérance du Seigneur,

alors qu'elle voulait encore *carpere diem* !

Avec l'expression de ma profonde compassion.

(*A bé wendi batu a bé siali batu*)

À mes chers

Samuel- Jonathan,

Jonel, Hugues-Edouard « Djami »

et

Gabriel-Gérard,

Aaron-Simplice et Sem-Joseph,

Tendres êtres et affectueuse descendance.

Pour l'exemple !

(*Mutu o i bari o djulu é djabi ditagi di fu na di moniu*)

Au

Gabon,

mon pays,

Terre de l'Universel et de l'Universalité,

Espace d'espoir et d'espérance,

de renaissance et d'avenir,

Univers du Tout-Monde !

À vous, infatigables résistants, et fierté nationale :

Mavouroulou ma Nziengui *alias* Nyonda Mam'kita,

Mbombè-A-Gnangé, Wongo, Emane Ntole, Ntole Emane,

Nzagou Dikakou *alias* « l'oiseau »...

Hommage éternel et... respects !

(*nonga dyambu ilombi iguma*)

REMERCIEMENTS

Au moment de donner sa forme définitive, fine et achevée, à ce travail, et de mettre un terme à cette réflexion que nous avons initiée, il y a quelques mois, et que nous avons menée sur les terrains de Lomé et Tado (Togo), Libreville et Ndjolé (Gabon), nous nous en voudrions de ne pas remercier tout particulièrement tous ceux sans lesquels sa réalisation serait restée à l'état virtuel. Nos pensées vont tout d'abord vers Monsieur le Pr. Théodore Nicoué-Lodjou Gayibor, Professeur Titulaire en histoire africaine à l'Université de Lomé, ancien président de cette Université, ancien président des Comités techniques et spécialisés (CTS) Lettres et Sciences humaines du Conseil africain et malgache pour l'Enseignement supérieur (CAMES), universitaire entier, intègre et intégral, esprit brillant et rigoureux, personnage talentueux, pour nous avoir mis le pied à l'étrier, en nous sollicitant pour une communication sur les déportés politiques morts au Gabon, dont le roi de Tado, Aja Kopyizoun, qui fit l'objet du colloque qu'il organisa, avec ses collègues des Universités de Lomé et de Kara, du 11 au 13 février 2013, à l'Université de Lomé, l'UL, Madame le Pr. Scholastique Dianzinga, (Scho.), maître de conférences en histoire africaine à l'Université Marien Ngouabi (UMNG) de Brazzaville (Congo), ancienne chef de département d'Histoire, ancienne vice-doyen de la Faculté des Lettres et Sciences humaines au sein de cette Institution, actuellement directrice de la coopération et des relations internationales, universitaire de talent et à la compétence éprouvée, femme battante et au talent immense, âme généreuse et esprit rigoureux, qui nous a acquis deux ouvrages sur le bagne de Tazmamart, alors qu'elle était en séjour scientifique en France, et qui a accepté d'échanger avec nous sur les questions relatives aux villes africaines et à la santé chez les peuples de ce continent, pendant l'époque coloniale, Monsieur le Pr. Jean-François Owaye, « J.F. », maître de conférences en Histoire contemporaine à l'Université Omar Bongo de Libreville, polémologue de talent, âme généreuse, esprit vif et énergique, personnage à l'intelligence raffinée, pour sa disponibilité, son sens du partage et pour les échanges éclairés et éclairants que nous avons eus, à plusieurs reprises, sur la question de la déportation politique au Gabon, sujet entier et digne d'intérêt, mais que l'historiographie gabonaise a longtemps occulté et gardé sous le boisseau, Monsieur le Pr. Wilson-André Ndombet, « Joe », maître de conférences en Histoire africaine, historien et politologue de talent, esprit brillant, éclectique, vif et éclairé, personnage entier, rigoureux, et doté d'un sens de la répartie sans pareil, plume alerte et dense, pour sa contribution à la maîtrise de certaines données sur la question des déportés. N'est-ce pas lui qui, le premier, nous aura indiqué le lieu de résidence des déportés auxquels nous nous intéressions, en utilisant l'expression appropriée, « le bagne de Ndjolé », alors que nous lui exprimions notre intention d'aller dans cette ville enquêter sur ce type d'espace carcéral ? Il apporta d'ailleurs à cette occasion cette information supplémentaire qui nous permit de fixer la date de notre départ à Ndjolé :

si tu veux accéder sur le site sans encombre, je te conseille d'y aller en saison sèche.

Malgré leurs lourdes occupations de tous les instants, qui auraient pu les rendre indisponibles, tous ces collègues, chercheurs par ailleurs inlassables, ont toujours su répondre, avec spontanéité, amabilité et affabilité, à nos sollicitations, nous permettant ainsi de corriger certaines erreurs et d'ajuster certaines positions. Pour cette assistance hors de prix, nous leur savons gré et leur renouvelons l'expression de notre parfaite et entière gratitude.

Mais nous ne saurions oublier tous ces autres collègues, jeunes et moins jeunes, brillants pour l'ensemble d'entre eux, qui nous ont accompagné de leur savoir et de leur savoir-faire, dans l'aboutissement de certains pans de ce travail. Au Gabon, nous pensons à madame et messieurs Jean Ndoume Assebe, maître-assistant en Histoire africaine à l'UOB, homme énergique, « en réserve » de l'Université Omar Bongo (UOB) depuis quelques années pour « fait de retraite » mais resté ouvert et disponible, chaleureux et généreux, qui n'a pas ménagé sa peine et son temps pour nous accueillir à son domicile de « derrière l'ancienne Sobraga », alors que nous l'avions sollicité « au pied levé », pour nous faire profiter de ses savoirs sur Ndjolé !, Abraham-Zéphyrin Nyama, maître-assistant en Histoire africaine au département d'Histoire et Archéologie de l'UOB et chef de ce même département, qui a consacré l'essentiel de son temps, tout au long de sa mission de recherches à Aix Marseille (France) en novembre 2012, à une fouille archivistique effrénée que nous lui avions suggérée sur la question des bagnes africains et dont de nombreux éléments se trouvent dans cette ville française, depuis leur transfert, en 1987, après leur passage, de l'ancien Ministère des Colonies, devenu le Ministère de la France d'outre-mer, à la rue Oudinot, Monique Mavoungou Bouyou née Koumba Manfoumbi, maître-assistante en Histoire africaine et doyen de la Faculté des Lettres et Sciences humaines (FLSH) à l'UOB, esprit brillant et énergique, femme disponible et pétrie de science, qui a délaissé, à certains moments, ses fonctions accaparantes de chef d'établissement, pour échanger avec nous sur des aspects pluriels du fonctionnement des sociétés précoloniales africaines, dont elle est une spécialiste émérite, Fabrice Nguiabama-Makaya, maître-assistant en Histoire africaine à l'UOB, qui, en sa qualité de spécialiste des prisons coloniales, a eu l'amabilité et la générosité de mettre gracieusement à notre disposition certains de ses éléments documentaires, Jean-Gérard Abambolé, « Zed », maître-assistant en didactique de la philosophie à l'École normale supérieure (ENS) de Libreville, homme au cœur « gros comme ça » et à la générosité chevillée au corps, pour sa disponibilité, son sens du partage, sa tendance au don de soi, qui nous a accompagné, de ses avis, de ses analyses pertinentes et percutantes, de ses points de vue toujours avisés et affinés, dans notre quête des informations sur des éléments relatifs au parler *Akèlè*, Jean-André Eyeghe, maître-assistant en Histoire africaine à l'École normale supérieure (ENS) de Libreville, dont l'esprit brillant, l'âme généreuse et la connaissance du terrain, nous ont permis d'être plus amplement informé sur certaines réalités historiques de Ndjolé et, partant, du Bas-Ogooué, Juste-Roger Koumabila, maître-assistant en Histoire et Civilisations africaines à l'UOB, historien émérite, esprit rigoureux, pédagogue chevronné et chercheur éprouvé, dont la récente production savante, fouillée et bien menée dans les bibliothèques et sur le terrain[1] pendant plus d'une dizaine d'années, nous aura permis d'en savoir davantage sur de nombreuses questions en rapport avec les

[1] *Les populations du bassin de l'Ogowe (Gabon). Histoire et Civilisations*, Paris, Velours, 2012

sociétés gabonaises, et surtout d'ajuster notre approche sur des questions majeures développées dans cette œuvre. À lui et à tous : grand et infiniment merci !

Merci aussi à tous les autres, « le grand reste » (*dixit* Jean-François Ntoutoume Emane *alias* Jacky), dont l'apport a été inestimable pour la réalisation de cet *opus* : Nutepe Joseph Tsigbe « Djoz », et Essohanam Batchana « Esso », tous deux maîtres-assistants en Histoire économique et sociale à l'Université de Lomé (Togo), pour leur assistance et leur soutien de tous les instants, William Charlis Mbadinga, assistant en Histoire ancienne à l'École normale supérieure (ENS) de Libreville, qui s'est, une fois de plus, démené « comme un beau diable », alors qu'il faisait ses « malles » à Paris, pour regagner le Gabon, au terme de ses études doctorales menées en Histoire et connaissance des civilisations de l'antiquité, à l'Université de Paris – Est (Créteil), pour nous permettre de disposer de certains ouvrages nécessaires à la conduite de notre réflexion, mais aussi à nos étudiants de l'Université Omar Bongo (UOB), parmi lesquels nous retenons tout spécialement Laurent Nzeng Eyogho et Stéphane Ndong Békalé, dont la générosité, le dévouement et la disponibilité nous ont été un outil précieux pour le succès de notre séjour à Ndjolé : non seulement ils l'ont préparé, en prenant tous les contacts préliminaires nécessaires, « déblayant » ainsi le terrain, mais encore ils nous ont accompagné partout où nous allions, ce qui nous a permis de capitaliser fortement ce séjour !

Infiniment merci, enfin, à messieurs Louis Békalé, Benoît Nze Meye, Ambroise Minko-Ngone, Mohamed Tanko Zacharie, notables, parmi d'autres, de Ndjolé, pour leur accueil, leur réactivité et leur disponibilité, monsieur le Pr. Dominique Ngoïe-Ngalla, homme entier, rigoureux et à la pensée libre, qui a choisi de rester universitaire jusqu'à la fin de ses jours, pour cette préface qu'il a bien voulu rédiger, avec ses mots, son cœur et son esprit, madame Laetitia Lishou, femme à l'engagement inaltérable, pour la mise en forme finale de ce texte, et à tout le personnel du Mémorial Pierre Savorgnan de Brazza de Brazzaville (Congo), en tête duquel trône Madame Belinda Ayessa, pour la gracieuseté dont il a fait montre tout au long de l'exposition réalisée par l'Ambassade d'Italie, au cours de ce mois de mars 2013, sur l'épopée de Pierre Savorgnan de Brazza en Afrique équatoriale, et pour nous avoir laissé disposer des images de notre choix sur ce grand homme, ses compagnons et l'environnement qu'il traversa. Chapeau bas !

AVANT-PROPOS

Les déportés politiques au bagne de Ndjolé (Gabon) : 1898-1913.

Au départ de cette thématique, il y eut un échange épistolaire par le biais d'internet. Le premier courriel nous parvint ce jour ; un matin brumeux et frisquet du mois de juin 2012 ; un lundi 4, plus exactement. Nous étions à l'Institut français du Gabon, anciennement connu sous l'appellation de Centre culturel français Saint Exupéry (CCF). Alors que nous procédions, comme à l'accoutumée, avant la navigation sur des sites portant sur l'antique Rome, à l'ouverture de notre boîte, aux fins de faire suite à une éventuelle missive, nous fîmes face à un message tout particulier. Il émanait d'un personnage riche en couleurs, une sommité africaine, un savant, un historien parmi ceux qui comptent et donc qui font honneur au continent, Monsieur le Pr. Théodore Nicoué-Lodjou Gayibor. Ce message était ainsi libellé :

> *Cher ami... Nous organisons à Lomé, en février 2013, un colloque pour commémorer la mort du roi Aja Kpoyizoun en déportation au Gabon en février 2012... Serait-il possible de trouver un collègue ou un étudiant en thèse ou même en DEA ou en maîtrise qui pourrait se pencher sur la vie quotidienne, le séjour, le traitement des prisonniers politiques, résistants vaincus et envoyés en déportation au Gabon ? Cela serait une formidable contribution à notre colloque pour jeter une lumière crue sur les dernières années de la vie de ce résistant, à défaut de pouvoir reconstituer ce que fut le combat de ce roi... Bien à toi.*

Après avoir marqué un étonnement au regard de la coquille portant sur la date de la déportation de cette personnalité politique, -en fait il fallait lire février 1902 : un *lapsus scriptae* !- nous réfléchîmes un moment à la suite à donner à cette sollicitation et prîmes la résolution, avant de lui adresser une réponse, de nous référer à nos collègues ou à d'éventuels étudiants dont l'axe de recherche pouvait porter sur cette thématique. Nous réalisâmes, séance tenante, que des travaux éminents avaient été menés par de grands historiens gabonais sur les résistants nationaux, et que certains d'entre eux avaient eu l'occasion, soit au détour de travaux de recherche d'étudiants de maîtrise qu'ils dirigèrent au sein du département d'Histoire et

Archéologie de l'UOB, soit à l'occasion de leurs propres recherches, de développer des pans entiers sur ce sujet. En plus d'eux, n'y en avait-il pas, parmi nos jeunes collègues, sortis frais émoulus d'Universités françaises, nantis de leur diplôme de Doctorat, qui sont de parfaits spécialistes des prisons à l'époque coloniale ? Nous nous engageâmes donc à les rencontrer au plus vite, pour leur transmettre la sollicitation ci-dessus énoncée. Mais c'était sans compter avec leurs multiples sollicitations, leurs déplacements par monts et par vaux, leurs nombreuses activités, leur agenda, souvent chargé ! À l'exception de Monsieur le Pr. Jean-François Owaye, actuellement maître de conférences en Histoire contemporaine, et, au moment des faits, maître-assistant en Histoire militaire et études de défense, qui montra, sans la moindre hésitation, son enthousiasme, partout, ce fut un *non possumus* vibrionnant. La mort dans l'âme, nous nous résolûmes, au départ, à avouer notre échec. Puis, comme si nous avions senti un électrochoc, nous nous reprîmes et décidâmes d'aller de l'avant, concevant ainsi cette missive que nous nous plûmes à envoyer à notre correspondant, dès le lendemain, mardi 5 juin, à 8h38 mn ; il fut ainsi libellé :

Monsieur le Professeur,

Bonjour. J'espère que vous allez bien, malgré le surcroît de travail qui est inévitablement le vôtre. Ici, tout va bien... Pour ce qui est de la thématique du Colloque, je la trouve très intéressante... Dans cette optique, j'ai pris contact avec des jeunes collègues pour les encourager à y réfléchir et à préparer une communication. Mais leur agenda ne leur permet pas de se ménager une plage pour ce faire. Il reste donc moi-même, bien que spécialiste de la Rome ancienne... Si vous n'y voyez aucun inconvénient, je pourrais m'y mettre et proposer quelque chose en rapport avec le sujet... Très respectueusement.

Et la réponse ne tarda pas ; le jour même, elle nous parvint, ainsi scriptée :

Cher ami,

Merci... de te proposer pour cette contribution. Elle permettra de camper les conditions d'imposition de la violence coloniale exprimée à travers ce système de déportation mis en place par le colonisateur.

Antiquisant certes, mais avant tout historien de formation. Il n'y a donc pas de domaine de l'histoire qu'un historien de formation ne saurait investir. Alors, va de l'avant…

Commencèrent alors les recherches ; une œuvre ardue, sur un terrain et dans un domaine qui ne sont pas habituellement les nôtres. Que de peines ! Que d'incertitudes ! Que de sacrifices ! Mais au final : que de joie ! Au bout de quelques mois, nous pouvons donc nous écrier, à l'instar des savants de l'antique grecque qui faisaient une découverte lumineuse : *Eurêka !* Comme pour nous réjouir des conclusions auxquelles nous sommes parvenu ! Cet ouvrage est donc le résultat d'une recherche que nous avons voulu fine sur une question d'importance pour le Gabon et pour les autres pays impliqués dans ce système particulier d'enfermement, qui comporte encore de nombreuses zones d'ombre, une foultitude de zébrures par endroits, et attend des historiens de tous bords –Gabonais et autres, spécialistes du Gabon ou non - qu'ils se mettent à l'unisson et qu'ils s'arment de courage, de patience, de persévérance et de ténacité, pour livrer tous ses secrets au grand public et à l'Universalité !

Ce travail que nous voulons une contribution à la maîtrise de l'histoire gabonaise mais aussi de l'histoire du Gabon dans ses relations avec les autres pays, africains et occidentaux, et essentiellement la France, est aussi le prolongement du Colloque international *Le refus de l'ordre colonial au Togo : 1884-1960*, rencontre scientifique de haute volée co-organisée par les Universités de Lomé – UL- et de Kara, du 11 au 13 février 2013, et chaperonnée par Monsieur le Pr. Théodore Nicoué-Lodjou Gayibor, pour commémorer le centième anniversaire de la mort du roi de Tado, Aja Kpoyizoun, survenue en février 1913, entre Ndjolé et le Cap Lopez, actuellement Port-Gentil, après une déportation de plus de dix ans, dans le bagne de cette ville du Bas-Ogooué que nous avons premièrement citée. Pendant trois jours, ce Colloque aura fait se rencontrer un public pluriel, à qui il aura offert l'opportunité d'échanger, de dialoguer, de partager, d'argumenter et de faire avancer l'histoire africaine en la « mettant sur la table », et en permettant à tous de faire galoper leurs savoirs et leur savoir-faire d'un cran, selon l'organisation ci-après :

Atelier N°1 : **Résister à l'ordre colonial et le payer de sa vie**

Modérateur : Pr. Michel Adovi N'buéké Goeh-Akue (Université de Lomé)

9h30-10h : Pr. Théodore Nicoué Lodjou Gayibor (Université de Lomé), *Kpoyizoun, le résistant* ; 10h-10h30 : Pr. Badjow Koffi Tchiam (Université de Lomé), *La tragédie de Mango* ; 10h30-11h : Pr. Jean-François Owaye (Université Omar Bongo), *Transportation et déportation : histoire des pratiques carcérales dans le Gabon colonial (1887-1938)* ; 11h-11h30 : Pr. Hugues Mouckaga (Université Omar Bongo), *Vivre et mourir à Ndjolé (Gabon) : le cas des déportés politiques, de 1884 à 1913.*

Atelier N°2 : Les héros de la résistance : études de cas

Modérateur : Pr. Théodore Nicoué-Lodjou Gayibor

14h30-14h45 : Kuassi A. Akakpo (Université de Lomé), *Un refus de l'ordre colonial sous l'administration allemande au Togo : l'audace fatale de Kukovina à Atakpamé (1902-1903)* ; 14h45-15h : Mme Agnélé Lassey (Université de Lomé), *Ablode Sanvee : un nationaliste au cœur de la décolonisation du Togo* ; 15h-15h15 : Komlan Kouzan (Université de kara) : *Jonathan Adzesi Kokou Savi de Tové, un des nationalistes togolais convaincus.*

Atelier N° 3 : Les cas de résistance collective

Modérateur : Pr. Kodjona Kadanga

8h30-8h45 : Adjaï Paulin Oloukpona -Yinnon (Université de Lomé), *Prolégomènes à l'étude de la dissidence et de la résistance togolaise sous l'administration coloniale allemande : (1884-1914)* ; 8h45-9h : Koffi N. Tsigbé, *Résistance et pacification des Tové (1895) : un modèle pour le sud Togo ?*; 9h-9h15 : Nakpane Labante (Université de Kara), *Culture kpankpamba et ordre colonial au Togo : incompréhension, violence et adaptation (1897-1960)* ; 9h15-9h30 : Pr. Nicoué-Lodjou Gayibor (Université de Lomé), *Le pot de terre contre le pot de fer : le proconsul Bonnecarrère ou le règne sans partage des Lawson sur la ville d'Aneho (1922-1931)* ; 9h30-9h45 : Yawouvi Manani (Université de Lomé), *Collaborateurs et résistants sous le régime colonial en pays Kabiyè-Losso au Togo* ; 9h45-10h : Azontowou Senou (Université de Lomé), *La résistance en pays ouatchi face à l'oppression coloniale.*

Atelier N° 4 : Les autres formes de résistance

Modérateur : Pr. Badjow Koffi Tcham (Université de Lomé)

11h15-11h30 : Brahima Ouattara (Université Félix Houphouët Boigny de Cocody-Abidjan), *Commerce autochtone et fiscalité en AOF : les Jula entre refus et adaptation à l'ordre colonial (1899-1956)* ; 11h30-11h45 : Essoham Assima-Kpatcha (Université de Lomé), *Les travailleurs togolais face à la décolonisation (1946-1960)* ; 11h45-12h : Bammoy Nabe (Université de Kara), *Le refus des délégués à l'Assemblée représentative du Togo d'une politique coloniale paysanne à la dérive : (1947-1948).*

Atelier N° 4 : Les autres formes de résistance (suite)

Modérateur : Pr. Hugues Mouckaga (Université Omar Bongo)

14h30-14h45 : Essohanam Batchana (Université de Lomé), *La contestation du régime colonial à travers les colonnes de la presse togolaise (1946-1958)* ; 14h45-15h : Komla Etou (Université de Lomé), *L'émigration des Togolais vers la Gold Coast : une forme diffuse de contestation de l'ordre colonial* ; 15h-15h15 : Benjamin Kokou Alonou (Université de Lomé), *La réticence des Africains à l'assistance médicale indigène (1884-1960)* ; 15h15-15h30 : Gilbert Dotsé Yigbé (Université de Lomé), *Le quartier de Bè comme (non-) lieu de mémoire dans la résistance à l'oppression au Togo* ; 15h30-15h45 : Bakayota Koffi Kpaye (Université de Lomé), *Les pétitionnaires togolais devant le Conseil de tutelle de l'ONU (1946-1958) : la tribune des Nations Unies comme lieu de contestation de la colonisation française.*

Les universitaires se sont parlé, toujours avec courtoisie, ils ont accepté la contradiction, ils ont étalé leurs connaissances, en étant conscients que celles-ci étaient limitées ! Quelle leçon ! Mais aussi ils se sont montrés disposés à aller au-devant du grand public, souvent peu au fait de certaines réalités, mais avide de savoir, d'apprentissage et de connaissance. Une véritable maïeutique !

Il y a sept ans, dans l'un de ses ouvrages, *Aux sources de la culture faŋ*, édité à Paris, chez L'Harmattan, le Père Paul Mba Abessole, homme politique gabonais mais également homme d'église, prêtre pour l'éternité[2], théologien, linguiste et *brasseur d'idées*, tenait ces propos ; le temps a passé, l'eau a coulé sous les ponts, mais leur réalité n'a pris aucune ride ; ils gardent toujours leur incandescence ! En voici un extrait plein de pertinence et d'à-propos :

> *Sans vouloir donner de leçons à qui que ce soit, j'affirme que si j'étais professeur à l'université en lettres, en économie, en mathématiques, en sciences politiques, ou en médecine, j'inciterais mes étudiants à aller mener des recherches dans le Gabon profond. Outre qu'ils retrouveraient leurs racines, ils seraient capables de découvrir des choses que nous ne soupçonnons pas aujourd'hui...*[3]

Des propos qui tombent sous le sens ! Et pour cause : connaître sa culture, et donc son identité, n'est-ce pas se connaître ? Et se connaître, n'est-ce pas affirmer son *cogito* ? C'est emboucher, c'est claironner son *Cogito ergo sum*, comme le fit Descartes ; c'est donc contribuer à la réduction de son *nihilisme*, de son *anéantissement* ; c'est se donner des éléments de sa positivité ! Mais c'est aussi accéder au fameux « Connais toi-toi-même » grec et donc prendre une place majeure dans la construction et la consolidation d'une société où règnent le *convivium*, le « vouloir vivre ensemble », le partage, la commensalité, le don de soi, sans faconde, mais aussi sans égotisme, sans égocentrisme, sans forfanterie, sans quant-à soi, sans tendance impérialiste, avec modestie, conscient de ses limites. L'Homme, le vrai, celui que les Romains dans l'Antiquité appelaient le *vir*, l'homme intégral, que Karol Wojtyla, connu sous le nom papal de Sa Sainteté Jean-Paul II appela, à son tour, en février 1982, lors de son

---

[2] Conformément à ce passage biblique : *tu es sacerdos in aeternum secundum ordinem Melchisedech.*

[3] p. 13

séjour en terre gabonaise, « tout l'homme », n'est-ce pas celui qui reste persuadé de ses insuffisances, de ses limites ? Il se donne alors les moyens de se voir tel qu'il est réellement, il se regarde en face, avant d'aller vers l'autre, vers Autrui, aguerri, muni de son *soi-même* et de ses bonnes intentions. En somme, il se donne les outils idoines pour savoir ce qu'il est, qui il est, et comment il est, avant d'avancer vers l'Autre. Une réalité que les *Bapunu*, peuple du sud du Gabon, aiment bien répéter au cours des joutes oratoires auxquelles ils prennent part, par cette sentence :

U djabe diagou u djabe di mbaatsi

Autrement dit, littéralement :

Sache ce qui est à toi, sache ce qui est à l'autre

et que les *Apindji*, autre peuple du sud du Gabon, expriment par ces termes :

Mè mènyè wè, tè ma ma mènè mè (*ce que tu as souffert, je le souffre aussi*).

Après avoir passé près d'une trentaine d'années à *Romaniser*, c'est-à-dire à réfléchir et à penser par rapport aux Romains de l'Antiquité, à *folâtrer*, à *batifoler* avec la Rome ancienne et donc à vouer à cette société endormie notre fol amour, car ayant fait corps et cœur avec elle, aux fins de la connaître sous toutes ses coutures et de la faire connaître autour de nous, en nous appuyant sur les éminences grises de cet univers, que sont les Cicéron, Tite-Live, Horace, Tacite, Suétone, Sénèque, Polybe, César, Plutarque…, cette introspection dans l'histoire gabonaise, « l'histoire nationale », qu'a été l'occasion de ce Colloque, au-delà du fait qu'elle aura été pour nous un « *retour en nous-même* », nous aura permis d'en vérifier le bien-fondé.

La terre entière est le cimetière d'hommes célèbres

Thucydide.

Nzeng-Ayong (Libreville-Gabon), mardi 26 février 2013.

PRÉFACE

Il y a quelques années, Florence Bernault, cette grande chercheuse française très Africanophile, m'a sollicité pour une réflexion sur les prisons en Afrique à l'époque précoloniale, en vue de la réalisation d'un ouvrage. Sans hésiter une seule seconde, j'ai accepté de m'y engager. Ma contribution a alors porté le titre suivant : *L'hypothèse de l'inexistence du carcéral dans l'Afrique précoloniale : quelques pistes de recherche.* Elle fut insérée dans ce qui est aujourd'hui connu comme un ouvrage de référence sur les prisons coloniales en Afrique, ainsi intitulé : *Enfermement, prison et châtiments en Afrique. Du 19e siècle à nos jours*, Paris, Karthala, 1999. Sans l'avoir voulu et souhaité, beaucoup de mes collègues me considérèrent, dès lors, comme un spécialiste de la question de l'enfermement, un connaisseur du sujet relatif au milieu carcéral ! C'est ainsi que mon frère et ami, monsieur le Pr. Hugues Mouckaga, qui rédigeait un ouvrage sur le bagne de Ndjolé, au Gabon, son pays natal, a pensé à moi, et a sollicité mes services pour la rédaction d'une Préface. Là non plus, je n'ai pas hésité une seule seconde ; j'y ai répondu par l'affirmative ! Comment aurais-je pu adopter une attitude contraire ? Non seulement Hugues est un personnage riche en couleurs que j'ai eu l'occasion de connaître tout au long de ses réguliers séjours à Brazzaville où il prend part à de nombreux jurys de Thèse de Doctorat, en même temps qu'il participe à nos côtés à la formation de nos jeunes Doctorants de l'Université Marien Ngouabi, l'UMNG, au point d'avoir été hissé, en ce 30 janvier 2013, après le départ à la retraite de monsieur le Pr. Abraham-Constant Ndinga-Mbo, à la fonction de Coordonnateur de la Formation doctorale « Histoire et Civilisations » de l'Université Marien Ngouabi, mais en plus il a un destin singulier. En effet, s'il reste d'abord et avant tout un Africain, qui s'intéresse aux questions de son continent, il a consacré l'essentiel de son énergie à la réflexion sur l'Antiquité, et plus précisément sur la Rome ancienne, la « cité fangeuse de Romulus », la cité chargée de possibles et de promesses, qu'il connaît sous toutes ses coutures et au sujet de laquelle il a eu le loisir de commettre une infinitude de publications. N'a-t-il pas à son actif une cinquantaine d'articles, tous publiés dans des revues scientifiques et presque une dizaine d'ouvrages, tous aussi autoritaires les uns que les autres ? Hugues méritait alors d'être encouragé et soutenu. Certes, comme il l'indique lui-même dans son Avant-propos, le choix de cette thématique, et partant son détour par l'Afrique, et plus précisément par Ndjolé, n'a pas été délibéré, il s'est imposé à lui ; mais en acceptant de se plier à cet exercice, et donc en daignant émerger de la *Romanitas* pour revêtir la toge de l'*Africanitas*, la moindre de notre attitude était de faire cœur et corps avec lui, dans cet exercice exhaltant.

L'objet de l'ouvrage ne manque d'ailleurs pas de sel : il porte sur les déportés politiques au bagne de Ndjolé, de 1898 à 1913. Ndjolé ? Nous connaissions Lambaréné, la ville du « grand Blanc », le « médecin de brousse » que célébra en son temps le brillantissime cinéaste camerounais Bassek Ba Kobio, le Dr. Albert Schweitzer, mais Ndjolé ! C'est que peu d'écrits ont été réalisés sur cette ville, si l'on excepte ceux de Xavier Cadet, une thèse qu'il a soutenue en 2005 à Lille III sur les *Fangs*, sous la direction de monsieur le Pr. Jean Martin, la thèse de 3ème cycle de Jean Ndoume Assébé, universitaire gabonais chevronné, qui porte sur la question éducative et qui mentionne des fresques sur Ndjolé, les écrits de monsieur le Pr. Nicolas Metegue N'nah, de Anges-François-Xavier-Innocent Ratanga Atoz, « AFRA », de Juste-Roger Koumabila « Abougavé », de Joseph Ambouroue-Avaro, autres Gabonais, et d'Annie Merlet, une « Gabonaise d'adoption ». À travers cet ouvrage, l'occasion nous est donc donnée de nous immerger dans Ndjolé et de connaître un pan important de l'histoire de cette ville.

En lisant les pages qui lui sont consacrées, nous savons ainsi que Ndjolé fut à l'origine un campement de chasseurs-cueilleurs, habité par les *Akèlè*, qui y trouvèrent, comme partout ailleurs, les Pygmées, avant d'être un conglomérat de villages et, enfin, une station, un poste militaire et administratif, et donc une ville. Cette dernière mutation fut l'œuvre de l'explorateur franco-italien Pierre Savorgnan de Brazza, à l'occasion de son troisième séjour en terre africaine, connu sous le nom de « Mission de l'Ouest africain », qui eut lieu de 1883 à 1885.

Nous savons aussi qu'au-delà du poste militaire et administratif, Ndjolé accueillit un bagne, en 1898, une dizaine d'années après celui de Libreville, créé en 1887, et que cette infrastructure fut érigée au milieu du fleuve Ogooué, sur l'île, « l'île Missanga »; d'où son nom de « l'île-prison », actuellement connue sous le nom de « l'île Samory ». Dès lors, de nombreux sujets y furent enfermés : non point des Gabonais, que l'on envoyait plutôt en Oubangui-Chari, actuelle Centrafrique, au Tchad et à Grand-Bassam, en Côte d'Ivoire, mais plutôt des résistants du Soudan et du Danhomè (*Danxomè*), autrement dit de l'Afrique occidentale française (AOF) et même d'Asie, que leur refus de se soumettre et leur agitation rendaient dangereux pour l'avenir de leurs territoires mais surtout pour la France ; sujets que les habitants de Ndjolé appelèrent dans leur globalité Danhoméens (*Danxoméens*), comme ils appellent, à l'instar des autres Gabonais, tous les ressortissants de l'Afrique de l'Ouest, tout au moins ceux qui se livrent au commerce –Ghanéens, Sénégalais, Bukinabè, Ivoiriens-, *Maliens*, et tous ceux d'Asie – Thaïlandais, Coréens…- *Chinois* ! Dans le même temps, Ndjolé acquit de l'importance dans le dispositif colonial français et donc international. Ce ne fut plus une simple bourgade insignifiante. Ce ne fut plus une masure étalée au bord de l'Ogooué, qui coulait paresseusement. Ce fut un point central, une ville phare, nodale, chargée d'histoire. C'est dans cette optique que l'on y trouva l'Almamy Samory Touré, Cheikh Amadou Bamba Mbaké, Agoli-Agbo, Dossou Idéou (et non Yedeon), Aja Kpoyizoun, pour ne citer que les plus célèbres. Le bagne fermé, Ndjolé sombra doucettement dans l'oubli, à partir du moment où le Gouvernement français et l'administration de ce pays cessèrent de l'avoir à l'œil.

Cet ouvrage a ceci d'important qu'il présente un fait essentiel dans l'histoire du Gabon, mais également de l'Afrique, dans ses rapports avec la France. C'est l'histoire d'un territoire qui fut choisi pour « embastiller » les fortes têtes, les « têtes dures », les résistants. La France le décida ainsi, pour sa quiétude, pour l'accomplissement de l'ordre qu'elle avait édicté ; un ordre qui ne devait pas connaître le moindre-à-coups, la moindre perturbation ! Tout devait se passer conformément à sa volonté, la volonté du maître, la *voluntas domini,* comme aurait dit Cicéron. Et Hugues décrit avec *maestria* cet environnement. Il le fait avec savoir-faire, science, autorité. L'ouvrage est bien écrit. Le style est alerte, la plume est coulante et de nombreuses illustrations ont été mises à contribution, comme si l'auteur voulait rendre son propos moins broussailleux, mais plus clair, plus accessible, plus saisissant, plus captivant.

Une question peut tarauder cependant quiconque connaît l'auteur : pourquoi des écrits sur Ndjolé et non plus sur la Rome ancienne, son domaine de prédilection ? Lui-même y répond avec clarté, sans faux-fuyant, sans faux-semblant. Il s'est plié avec joie à une sollicitation. Mais je pense que cette raison ne saurait suffire. Sinon, comment comprendre qu'il y a quelques années déjà, il ait commis une réflexion sur les *Bapunu*, sa communauté culturelle, que l'on trouve aussi bien au Congo-Brazzaville, qu'en République Démocratique du Congo (RDC), en Angola et au Gabon ? C'est que Hugues Mouckaga a pris le parti de revisiter sa terre natale, celle qui l'a vu naître, celle qui l'a fécondé, sa *terra natalis*, sa *terra genitrix*, autrement dit là où se trouvent ses racines, ses pénates. Qu'il m'excuse si j'écorche sa langue *ipunu*, mais ne dit-on pas chez lui que « dilulu a kale mate a gé libni malu » ? Traduction : « Le goujon a beau remonter le fleuve, il n'en oublie pas moins la source ».

Oh ! il y en aura, j'en suis sûr, qui pousseront leur arrière-pensée jusqu'à le taxer de nombriliste, et qui assimileront cet acte à un repli sur soi, à ce qu'ils appellent au Gabon « le repli identitaire ». Mais ce serait peu connaître Hugues ! Car l'homme est altruiste, ouvert, et porté sur les relations tous azimuts. De plus, écrire sur soi, sur son terroir, sur ses us et coutumes, sur son pays, n'est-ce pas légitime ? Car cela revient à chercher à se connaître ! En jetant son dévolu sur le bagne de Ndjolé, ville gabonaise, Hugues Mouckaga nous fait donc une leçon ; une leçon de pragmatisme, de réalisme, de retour sur soi, où chacun d'entre nous est interpellé pour ne pas oublier d'où il vient, pour se souvenir de ses origines, de ses racines ; toutes choses qui peuvent lui permettre de bien avancer et surtout d'apporter sa pierre à la construction de l'édifice identitaire national et même mondial !

Dans son ouvrage, Hugues présente donc Ndjolé, cette ville de l'intérieur du Gabon. Mais au-delà, il va plus loin ; lui, l'habitué du commerce de Marius et de Sylla, de César, de Cicéron, de Pompée, de Tite-Live et de Salluste, de Virgile et d'Horace, de Brutus et d'Octave, saisit un prétexte –faisant ainsi suite au célèbre historien Polybe- pour s'engager dans une longue réflexion sur le destin des sociétés humaines, et ici, sur le *continuum* de l'histoire de la résistance des Africains à l'occupation de leurs pays par des puissances étrangères, notamment occidentales. Car au-delà de Ndjolé, il y a le Gabon et la France, le Gabon et la Grande-Bretagne, le Gabon et l'Allemagne ; en un mot, le Gabon et les puissances internationales ! En 1885, le sort de ce pays, n'allait-il pas être scellé par la Conférence de Berlin ? Il n'échappa pas, à l'issue de cette rencontre entre puissances occidentales, à la curée dont l'Afrique noire fut l'objet !

Assujettie à l'Occident, l'Afrique plus largement et Ndjolé plus précisément, allait aussi vivre les affres de la domination. Elle fut transformée en ville, mais dans la foulée elle se couvrit de toutes les infrastructures que le colon trouvait nécessaires à la pérennisation de son pouvoir *in situ* : avant une prison, telle qu'il en fut implanté ailleurs, un espace spécial, un bagne, et plus exactement un « bagne à ciel ouvert » ! Le livre de Hugues Mouckaga nous en montre le contexte de construction ; un espace d'enfermement, en plein milieu équatorial, sur une île, au milieu de l'Ogooué ; une infrastructure inconnue jusqu'alors, mais que la France imposa ! Au nom de son mode de gestion de son espace vital, au nom de son pouvoir dominateur, au nom de son autoritarisme. Elle était l'une des puissances du moment, elle avait la haute main sur Ndjolé, elle décida qu'à Ndjolé et qu'à Ndjolé simplement, cette infrastructure devait être érigée dans le *deep Gabon.* Paris le décida, le Gouverneur Général l'appliqua, *via* ses relais et autres affidés locaux : le Lieutenant-Gouverneur, le Chef de poste... Au nom du *temps des colonies*, comme aurait dit le chanteur français Michel Sardou ! Belle époque pour la France. Belle époque triomphante, où les droits de l'homme étaient foulés au pied, sans la moindre retenue, sans la moindre commisération. Mais triste temps pour l'Afrique ! *Tristis dies* ! Des vaillants et fiers guerriers allaient y être enfermés, claustrés, détachés de leur biotope, écartés de leur univers natal, au nom de l'esprit sécuritaire français ! L'ouvrage réalisé par Hugues Mouckaga permet donc de revivre le contexte de ce XIXe siècle, de nous ramener trois siècles en arrière, pour vivre avec ses (nos) ancêtres ce que furent ces moments et ce que furent nos terres, les terres africaines. Il revivifie donc notre mémoire et, par-delà, nous met face à notre passé ! Un passé douloureux, certes, mais que nous devons regarder en face ! Pour être en conformité avec notre vécu.

En lisant l'ouvrage de Hugues Mouckaga, nous apprenons que nos fiers ancêtres qui osèrent s'opposer de tout leur long à l'inhumanité française, furent « embastillés » purement et simplement. Les Ouest-africains –que d'autres appellent *Aofiens*-, furent transférés à Ndjolé, où certains moururent. Les Gabonais allèrent traîner leurs guêtres à Grand-Bassam, au Tchad, en Oubangui-Chari. Y compris le père de l'indépendance gabonaise, Léon Mba ! Tout simplement pour avoir claironné son nationalisme. Il fut alors traité de dangereux communiste. Et la roue de l'histoire ne s'arrête pas. Qu'on regarde autour de nous. Qu'on examine la politique actuelle imposée à nos Etats africains par les puissances occidentales ! Vous avez dit Cour Pénale Internationale, CPI ? Elle fut créée le 11 avril 2002. Beaucoup y voient un bras séculier de l'Occident, une instance aux mains des Etats européens, un « tribunal notoirement destiné à traquer du Nègre » (sic). Je partage cette approche. Après avoir été placée pendant des années sous la responsabilité d'un Occidental pur jus, Luis Moreno-Ocampo, en l'occurrence, qui condamna sans ménagement un certain nombre de personnalités africaines et de l'Europe de l'est pour atteinte aux droits de l'Homme- Charles Taylor, Thomas Lubanga, Zdravko Tolimir et Vlastimir Djordjevic, Kang Kek, autrement connu sous le pseudonyme de « Douch le boucher », Stojan Zupljanin, Omar El-Béchir, Rtako Mladic, Jean-Pierre Bemba- elle a appliqué son rouleau compresseur à l'ancien président ivoirien, Laurent Koudou Gbagbo, transféré à la prison de Scheveningen, dans la banlieue de la Haye, et peut-être bientôt à son épouse Simone Ehivet, qui attend, elle aussi, sa déportation, et au chef des « jeunes patriotes », Charles Blé Goudé. Certes, cette CPI est aujourd'hui sous la responsabilité de notre « sœur », la Gambienne Fatou Bensouda, et qui plus est, juriste émérite, hyper compétente, sur diplômée, rigoureuse, et battante. *Nihil obstat*. Elle est aussi volontariste, déterminée à appliquer la même justice pour tous, sans parti-pris. J'y consens. Mais, questions : pourquoi seulement les Africains et les Européens de l'est ? pourquoi seulement Koudou Gbagbo et ses Lieutenants, et pas les autres, ceux d'en face ? Laurent Koudou Gbagbo, ne fut-il pas le président de la Côte d'Ivoire, de 2000 à 2010, le président-fondateur du Front Populaire Ivoirien (FPI), un leader socialiste membre de l'Internationale socialiste, celui-là même qui eut l'outrecuidance de tenir tête au *Vieux*, le grand Félix Houphouët Boigny, réussissant à obtenir le multipartisme dans son pays, la Côte d'Ivoire ? Quand il prit le pouvoir en 2000 et que, deux ans après, à la suite de la rébellion qui éclata dans le Nord, le 19 septembre 2002, ses hommes de main portèrent atteinte aux droits de l'Homme, nous fûmes nombreux à condamner ses dérives et ses exactions ; quand il « perdit » les élections présidentielles de 2010 et s'accrocha au pouvoir, occasionnant des morts par milliers, alors qu'il eût été plus raisonnable de se retirer –même *nolens volens*- et de continuer à participer au combat démocratique, nous fûmes aussi parmi ceux qui désapprouvèrent cette démarche, que nous trouvâmes suicidaire et négative pour l'Afrique engagée dans la modernité ; mais l'enfermer tout seul à la CPI, n'était-ce pas faire prévaloir la justice des puissants ? Si certains en doutent, et les *Com Zones* ? Et les autres puissants qui paradent à Abidjan, alors que leur implication dans les atteintes aux droits de l'Homme, depuis le funeste et de triste mémoire 19 septembre 2002, quand éclata la rébellion au Nord du pays, est établie ? Je persiste donc et je signe : tel qu'elle procède, la CPI applique la justice des puissants, des vainqueurs, et ne se veut nullement équitable. Sinon, libérez Gbagbo ! Je laisse d'ailleurs la suite du propos à ce politologue gabonais, responsable politique, conseiller personnel de feu El Hadj Omar Bongo Ondimba, Docteur d'Etat en Sciences Politiques, qui n'est pas passé par quatre chemins, dans les colonnes du journal qu'il co-anime, le *Mbandja*, N°167, du vendredi 8 mars 2013, en page 6, pour justifier les faits reprochés à l'ancien président ivoirien :

> *C'est... en qualité de président que Gbagbo a agi pour la paix du pays et la quiétude de son peuple. Que ferait un chef d'Etat, qui a en face de*

lui un groupe de gens puissamment armés, déterminés à prendre le pouvoir qu'il exerce avec la complicité de l'étranger et qui sont affublés de qualificatifs de rebelles ? Dans le climat sociopolitique ivoirien qui n'était plus normal, que devait faire le plus haut responsable d'un peuple pour sauver sa vie, celle de sa famille et celle des familles ivoiriennes ? L'on ne doit pas oublier que la Côte d'Ivoire était entrée dans une guerre qui opposait les Ivoiriens entre eux et à laquelle s'invitaient les individus de toutes les origines, en particulier des pays limitrophes et autres organisations internationales…

Mais l'on comprend, et c'est la morale qu'inspire cette affaire : l'histoire n'est pas toujours neutre. Elle est plutôt au service des puissants : les Occidentaux. En attendant que les Africains écrivent la leur ! La sagesse africaine, ne proclame-telle pas que

tant que les lions n'auront pas leurs propres historiens, les histoires de chasse ne pourront que chanter la gloire du chasseur ?

Hugues Mouckaga nous montre un bagne de Ndjolé d'un genre particulier : sans admonestation, sans brimade, sans garde-chiourme, sans cellule de discipline pour « fortes têtes », où les pensionnaires vivaient en famille, aux côtés de leurs accompagnateurs, où ils recevaient une gratification de la part des autorités administratives des pays dont ils étaient originaires, où des soins de santé leur étaient prodigués ; en gros, il nous dépeint un « bagne palace », une sorte de « bagne cinq étoiles » ! Aucun rapport, ni avec celui de *Robben Island* où furent enfermés Nelson Mandela, *alias* Madiba, et ses compagnons d'infortune ; aucune commune mesure non plus avec celui de Tazmamart, au Maroc, où le roi Hasan II embastilla toux ceux qui avaient osé attenter à sa vie ; en un mot, les « égarés sociaux », tous ceux qui avaient eu l'outrecuidance de chercher à les faire passer, lui et les siens, de la vie à la mort, et que décrit, entre autres, avec sel et saveur, dans son ouvrage[4], Gilles Perrault. La description de cet univers carcéral quasi idyllique de Ndjolé donne, à première vue, l'impression que les Blancs n'étaient pas des « méchants loups », que les résistants africains qui y étaient enfermés l'étaient pour leur bien, qu'ils se trouvaient enfermés dans

[4] *Notre ami le roi,* Paris, Gallimard, 1990

des espaces vivables, humains, quasi paradisiaques ; qu'ils y vivaient à l'aise ; que les Français étaient donc « droits-de-l'hommistes ». C'est cela que dit l'histoire. Ce sont des faits. Têtus. Mais tout cela, n'était-ce pas l'arbre qui cachait la forêt ? Les faits présentés, n'occultent-ils pas une réalité autre, autrement plus malicieuse, autrement peu ragoutante ? La ficelle, n'est-elle pas un peu grosse ? Les Troyens, par ce que trompés par les Grecs, au cours de la guerre de Troie, qui eut lieu au XIIe s. et plus exactement en 1184 av. J.-C., n'avaient pas eu d'autres mots que ceux-ci, pour en appeler à la nécessaire méfiance, à la vigilance de tous les instants, vis-à-vis d'eux, connus comme étant les *Danéens*, qui se présentaient sous des dehors reluisants et bonasses : *Timeo Danaos dona ferentes* (je crains les Grecs même porteurs d'offrandes).

L'avantage de l'ouvrage de Hugues Mouckaga est de faire comprendre de nouveau que face à la domination coloniale, les Africains ne furent pas tous des hommes passifs, prompts à se coucher, à s'aplatir devant l'ennemi, à baisser l'échine ! Ils étaient plutôt des hommes preux, fiers d'eux-mêmes, des valeureux guerriers, des nationalistes, qui avaient soif de liberté, qui revendiquaient une certaine identité, et qui avaient en horreur d'être assujettis sans coup férir. Ils étaient des résistants ! N'est-ce pas André Matsoua ? N'est-ce pas Simon Kimbangou ? N'est-ce pas Mbombè –A-Gnanguè ? N'est-ce pas Mavouroulou ma Nziengui *alias* Nyonda Mam' kita ? N'est-ce pas Wongo ? N'est-ce pas Emane Ntole ? N'est-ce pas Ntole Emane ? N'est-ce pas Gbéhanzin ? N'est-ce pas Prempeh ? N'est-ce pas Chaka ? N'est- ce pas Um Nyobé ? N'est-ce pas Ken Saro Wiwa ? N'est-ce pas l'Almamy Samory Touré ? N'est-ce pas Cheikh Amadou Bamba Mbacké ? N'est-ce pas Dossou Idéou ? N'est-ce pas Aja Kpoyizoun ? Du nord au sud, et de l'est à l'ouest du continent, c'était la même pratique, de la part d'un certain nombre de leaders, qui étaient persuadés que leur terre ne pouvait passer sous la domination étrangère. Au-delà de cette résistance, ils claironnèrent, pour certains, l'unité africaine ! *Africa obota* ! comme s'était écrié, en son temps, le célèbre chanteur engagé gabonais, Pierre Claver Akendengué. Et il ne pouvait si bien dire ! Tous les Africains n'étaient donc pas des couards, des lâches, qui avaient peur de l'oppresseur, même si l'on sait qu'il en est parmi eux qui se mirent du côté de l'envahisseur, pour s'en prendre à leurs frères, en échange de quelques subsides, de quelques péccadilles, de quelques miettes ! Dans leur globalité, ils furent des hommes d'honneur, énergiques, combattifs et attachés à leur liberté. Et ils n'innovaient rien en la matière car l'histoire de l'Afrique est jalonnée de ces résistances ! Qu'on pense un instant à Jugurtha et à Tacfarinas dans l'Afrique du Nord antique ! Qu'on pense à Kunta Kinté ! Qu'on pense à ces esclaves noirs qui se mutinaient en Amérique du Nord, en Amérique du Sud et aux Caraïbes où ils avaient été déportés !

En dépit de ce que peuvent laisser croire les textes et les faits, je suis donc sûr que le bagne de Ndjolé n'avait rien d'un palace, d'un lieu féérique, où ceux qui étaient embastillés menaient une vie de *farniente*, où chacun se la coulait douce. Ce ne pouvait l'être en dépit des apparences ! Car ce que recherchait le colon, c'était de « casser du résistant », de lui faire plier l'échine, de le réduire à sa plus simple expression, de le « tuer » à petit feu, pour sauvegarder ses intérêts, et pour ce qui est des résistants danhoméens (*danxoméens*) –comme pour tous les autres qui étaient enfermés dans les espaces carcéraux- de les mettre hors d'état de nuire. Pour ce faire, il pouvait faire usage de brutalité, de violence, y compris physique. La moindre violence pouvait alors être feutrée ! C'est ainsi qu'il faut lire, je pense, les propos de Hugues sur ce bagne de Ndjolé.

Et ce bagne, faut-il penser qu'il régla le problème de l'ordre sécuritaire en Afrique ? Hugues n'aborde pas le sujet de front. Mais il transparaît dans ses propos ! C'est que l'enfermement, de mon modeste point de vue, ne pouvait être la solution la plus appropriée. Essentiellement : parce qu'il ne tuait pas dans l'œuf la source de ces soulèvements, de ces actions de révolte menées par les Africains. Ce n'est pas en enfermant ces résistants que l'on pouvait donc éradiquer le mal, que l'on pouvait mettre un terme aux velléités insurrectionnelles des Africains. Car comme tous les autres hommes, ils avaient soif de liberté, d'égalité, d'humanisme ; ils voulaient aussi être pris en compte et être comptés comme des hommes à part entière. L'enfermement des leaders ne pouvait être la solution adéquate ! De toutes façons, ce type de répression n'était pas inscrit dans le registre des peines qui s'appliquaient aux Africains depuis l'époque précoloniale ! Mais c'est la solution à laquelle pensa l'Occident, et plus spécialement la France. Au lieu de prendre la peine d'écouter les Africains, de discuter, de négocier avec eux, afin de parvenir à une solution concertée, consensuelle, qui eût pu être profitable à tous, au lieu de les accompagner dans leur évolution, dans leur émancipation, elle sortait l'artillerie lourde. Elle utilisait la manière forte. Et aujourd'hui encore, la donne n'a pas changé ! Autres temps, mêmes mœurs ! Autres temps, mêmes méthodes ! Dès la moindre incartade, la violence s'impose. On vitupère. On admoneste. On trucide. Au nom des principes occidentaux. Au nom de la raison du plus fort, toujours la meilleure. Comme *dans le loup et l'agneau* ! N'est-ce pas Jean de la Fontaine ? La même politique de la canonnière. Le *Hollandisme*, nouvelle marque de fabrique française après le *Sarkozysme*, depuis le 6 mai 2012, changera-t-il la donne ? *Wait and see.*

Au final : des faits qui méritent d'être médités et revisités, pour une autre approche, plus humaine, dans les rapports franco-africains et, plus largement, occidentalo-africains, au moment où la France s'engage résolument dans une autre gouvernance et pense que plus rien ne devrait être comme avant, *in illo tempore*.

Pr. Dominique Ngoïe-Ngalla

Professeur titulaire en Histoire africaine à l'Université Marien Ngouabi (UMNG) de Brazzaville (Congo), auteur de nombreux articles et ouvrages de référence, parmi lesquels : « L'hypothèse de l'inexistence du carcéral dans l'Afrique précoloniale : quelques pistes de recherche » in Florence Bernault (dir.,), *Enfermement, prison et châtiments en Afrique. Du 19e siècle à nos jours*, Paris, Karthala, 1999, pp. 67-69 ; *Lettre d'un Pygmée à un Bantou. Tous frères en Humanité*, Paris, Bajag-Meri, 2003, *Le retour des ethnies. Quel Etat pour l'Afrique ?*, Paris, Bajag-Meri, 2003.

INTRODUCTION GÉNÉRALE

Les déportés politiques au bagne de Ndjolé de 1898 à 1913, tel est le titre de cette réflexion que nous avons initiée et que nous soumettons à l'appréciation du public, universitaire et profane. Par cette étude qui couvre près de quinze (15) ans, autrement dit de l'année marquant l'arrivée du célèbre résistant l'Almamy Samory Touré et sa suite (1898) à celle consacrant la mort de l'un des déportés politiques par noyade, en l'occurrence Aja Kpoyizoun, le roi-thaumaturge, l'*Anyigbafio* de Tado (1913), il s'agit donc, non seulement de déterminer le destin de certains résistants africains qui eurent l'outrecuidance de s'opposer au diktat français, mais également de saisir une réalité crue de l'histoire d'une ville gabonaise à un moment précis de son évolution, et de comprendre certaines des réalités qui ont sous-tendu, pendant une partie de son histoire, la vie politique et sociale du Gabon. Au-delà, ce thème offre l'opportunité de comprendre l'une des faces cachées des relations internationales au XIXe et au début du XXe siècle. Il met face à face le Gabon et l'Afrique occidentale française (l'AOF), mais aussi le Gabon et la France.

À cet égard, l'on conviendra que si le Gabon fut choisi par ce pays, devenu depuis le XVe siècle sa puissance tutélaire, pour jouer, à un moment de son histoire, le rôle de « cendrillon »[5], de « grenier à blé »[6] au sein de l'Afrique équatoriale française (AEF), du fait de ses ressources qui amenèrent certains à lui reconnaître le qualificatif de « vache à lait », de « Suisse de l'Afrique », même s'il fut le plus petit et le moins peuplé -267.667 km2 et 350.000 habitants- des pays de l'AEF, il fut bien vite placé en état de jouer un rôle politique majeur

---

[5] Le terme fut utilisé par le président Léon Mba, le premier président de la République, le père de l'indépendance gabonaise, dans l'un de ses discours où il dénonçait le rôle que l'on faisait jouer à son pays.

[6] Dans l'Antiquité romaine, deux territoires jouèrent ce rôle : l'Afrique Proconsulaire, et l'Egypte. Leurs terres étaient couvertes d'énormes étendues agricoles, les *saltus*, dont les fruits profitaient de manière quasi exclusive à Rome. Conscient que son pays jouait le même rôle, monsieur le Pr. W. -A. Ndombet le reprend à son compte dans son ouvrage, *La transmission de l'Etat colonial au Gabon (1946-1966),* Paris, Karthala, 2009, p. 155

au sein de l'espace communautaire francophone. À compter de mars 1859, en effet, ne devint-il pas le centre de la Division Navale des établissements français de la Côte d'Or et du Gabon, ce qui lui permit la concentration de la gestion des comptoirs de Grand-Bassam, d'Assinie et de Dabou ? Et en juin 1886, ne fut-il pas le lieu de résidence du Commissaire Général du Gouvernement pour l'administration du Congo et du Gabon ? De 1888 à 1908, Libreville, ne fut-elle pas la capitale du « Congo-Français », ensemble géographique qui « correspondait en gros au bassin de l'Ogowe et à la rive droite du fleuve Congo »[7] ? En 1891, alors que le Gabon faisait partie intégrante de cet ensemble territorial qui portait aussi la dénomination de « Possessions du Congo Français et Dépendances », n'est-ce pas non plus dans cette ville que furent amenés à siéger le Commissaire Général de cette nouvelle entité et le Lieutenant-Gouverneur pour le Gabon ? Dans cette optique, elle servit de lieu de résidence à l'explorateur franco-italien Pierre Savorgnan de Brazza, à la suite de sa nomination, en 1886, à la fonction de « Commissaire Général du Congo-Français et Dépendances », avant son éviction, « quelques années après pour incompétence »[8]. Juste-Roger Koumabila rappelle d'ailleurs, photo à l'appui, qu'au lendemain de cette nomination, « le célèbre explorateur et son épouse, tous deux de blanc vêtus, arrivèrent à Libreville. Des troupes noires leur rend(irent) les honneurs »[9].

Mais cette prééminence de Libreville et du Gabon ne s'arrêta pas à ces années-là. Elle se poursuivit peu après. À partir de 1947, par exemple, date à laquelle l'on trouve des ressortissants gabonais dans des places de choix au sein des organes dirigeants de l'époque, le Parlement français et les instances dirigeantes de l'AEF, entre autres. Il en fut ainsi de : Jean-Hilaire Aubame, député à l'Assemblée Nationale et premier maire indigène de Poto Poto (Brazzaville), Mathurin Anguilé, Sénateur au Conseil de la République (en même temps que Durand –Deville, de nationalité française), René Paul Sousatte, délégué à l'Assemblée de l'Union française, Paul-Marie

[7] Voir J.-R. Koumabila, *op. cit.*, p. 27
[8] *Id., ibid.*
[9] *Id., ibid.*

Indjendjet Gondjout, membre du grand Conseil Général de Brazzaville, Edouard Mossot et Yves Evouna, grands conseillers de l'AEF pour le Gabon, aux côtés de deux français d'origine, Paul Flandre et Regnault.

Mais ce rôle majeur ne se limita pas à ces seuls aspects ! Un autre lui fut assigné ; celui d'accueillir des espaces carcéraux spécifiques, des bagnes, en l'occurrence. Des bagnes ? C'est le second point de réflexion auquel renvoie ce travail.

Le 30 mai 1854, en effet, l'empereur français, Napoléon III, fit adopter une loi par laquelle il était stipulé « la fermeture des bagnes métropolitains »[10] et l'ouverture « des établissements dans les territoires coloniaux »[11], les bagnes coloniaux en l'occurrence, pour l'exécution des travaux forcés et « l'expurgation de ce qui devenait intolérable en France »[12]. Jusqu'alors, les bagnes étaient des « lieux de peine d'exclusion… destinés aux opposants politiques, aux condamnés de droit commun aux travaux forcés et enfin, sous la IIIe République aux délinquants récidivistes »[13]. Désormais, de nouveaux espaces devaient prendre la relève. Mais il fallut attendre le 1er décembre 1887 pour voir cette situation adopter une tonalité plus concrète dans les colonies françaises. Par un décret signé à cette date, en effet, furent créés, dans les colonies sur lesquelles la France avait la haute main, des établissements réservés à des condamnés à des peines de travaux forcés. En Afrique occidentale française (AOF), ce devait être Grand-Bassam, en Côte-d'Ivoire, Porto-Novo, au Danhomè (*Danxomè*) et en Afrique équatoriale française (AEF), l'Oubangui-Chari, avec Bria et Bambari, le Tchad, avec Fort-Lamy, et le Gabon, avec trois sites : Libreville, Loango[14] et Ndjolé. À ces structures carcérales s'ajoutèrent plus tard les prisons, que les autorités

---

[10] J.-F. Owaye, *Transportation et déportation : histoire des pratiques carcérales dans le Gabon colonial (1887-1944)*, p. 3, doc. inédit.

[11] *Id., ibid.*

[12] « La plantation, le bagne, le ghetto », URL : http://www.cafe-geo.net/article.php3?id_article=1000

[13] « Chronologie relative à la déportation, transportation et relégation française » in *Criminocorpus*, revue hypermédia (en ligne).

[14] Tout comme Pointe-Noire et la côte congolaise, Loango fera partie intégrante du Gabon jusqu'en 1918

coloniales érigèrent pour enfermer ces prisonniers non ordinaires : Pointe Noire, M'vouti, Opata, Loango-Cayo, Tchimpeze, Madingo et Brazzaville, au Congo ; Douala au Cameroun ; Mouila, Mbigou, Kango, au Gabon. Il s'agissait d'y affecter, « en plus des opposants politiques à la domination française sous toutes ses formes, les condamnés récalcitrants dont la mauvaise conduite et les tentatives d'évasion exigeaient une surveillance plus sévère »[15]. Etaient donc concernés à titre principal et exclusif les activistes politiques, ceux qui avaient été amenés à s'opposer de tout leur long à l'ordre colonial français établi. L'historiographie africaine les présente comme des nationalistes, des patriotes ; mieux, comme des résistants, des héros. À ces délits pouvaient s'ajouter d'autres, que l'autorité coloniale estimait être d'une réelle gravité :

l'insurrection, la désertion militaire, l'évasion, l'homicide, la récidive, le détournement de deniers publics, l'indiscipline, la mauvaise conduite ou le mauvais esprit[16].

Ceux qui en étaient les auteurs étaient considérés par l'autorité coloniale comme des « bandits ». Et lorsque la peine de déportation s'appliquait à eux, on disait qu'ils étaient des « déportés politiques ». Dès les premières années de sa présence en Afrique, la France leur réservait un traitement spécifique : ils étaient « enrôlés d'office dans l'armée, fouettés ou même pendus, les villages (étaient) rasés en guise d'avertissement »[17]. L'exil ou l'emprisonnement était aussi appliqué, mais de manière alternative. Cette fois-ci, la peine retenue tombait, telle une guillotine : le bagne !

Une question, alors, se pose : qu'entendre par ce terme de bagne ? La réponse immédiate, pour un Africain, et surtout pour celui qui focalise son attention sur l'histoire de ces dernières années au sein du continent, est inspirée de ce bagne resté célèbre et même tranformé en une espèce de Musée, celui de *Robben Island*, situé sur une île, au large de Cape Town, en Afrique du Sud, où fut enfermé, pendant une

---

[15] J.-F. Owaye, *op., cit.*, p. 4

[16] *Id.*, p. 16

[17] A. Boahen (dir.,), *Histoire générale de l'Afrique, t. VII. L'Afrique sous domination coloniale*, Paris, Unesco, 1987, p. 326

vingtaine d'années, en compagnie de certains de ses compagnons d'infortune, Nelson Rolihlahla Mandela, *alias* Madiba, avant que n'intervînt son transfert, en 1982, à la prison de Pollsmoore et, en décembre 1988, à celle de Vorster, d'où se produisit sa libération définitive, en 1989. Il fait alors penser à un univers glauque, sinistre, repoussant, où la vie est rude, infernale, où l'on mène son quotidien reclus, telle une bête de somme, où l'on reste permannement cloîtré comme un forçat, dans une cellule plongée dans la pénombre, passant des journées tel un corvéable, enchaîné des pieds, travaillant sans relâche, sous la surveillance d'un gardien, véritable garde-chiourme, souvent rageur et rugueux, prêt à utiliser la manière forte pour faire respecter la loi établie. Pour avoir une idée de cet univers et réaliser en quoi il était concentrationnaire, il nous suffit de faire référence à *Conversations avec moi-même. Lettres de prison, Notes et Carnets intimes*, Paris, La Martinière, 2010, ouvrage préfacé par le président américain Barack Obama, où Nelson Mandela décrit ainsi un instantané de son séjour à *Robben Island* :

> *... Ils (les gardiens) nous emmenaient à la carrière creuser la chaux. C'est une tâche très dure, il faut manier la pioche. La chaux se trouve sous des couches de roche. Vous trouvez une couche de roche, on peut parvenir à la chaux, et pour parvenir à la chaux il faut la briser. Ils nous ont envoyés là-bas parce qu'ils voulaient nous montrer que la prison n'avait rien de facile, que ce n'était pas une partie de plaisir et qu'il valait mieux l'éviter...* [18]

Mais ce bagne de *Robben Island* n'est pas le seul espace de ce type auquel tout Africain peut être amené à penser. Il y a aussi celui de Tazmamart, que le défunt roi du Maroc Hassan II avait fait ériger en 1973 dans l'Atlas, au sud-est de son Royaume, pour y enfermer tous ceux qui, le 10 juillet 1971 et le 16 août 1972, faillirent porter atteinte à sa vie et à celle des siens, et donc ébranler la base monarchique qui servait de fondement au Royaume. Outre les initiateurs de cette tentative de putsch, parmi lesquels le général Oufkir, une cinquantaine d'officiers et sous-officiers des Forces armées royales (FAR), furent mis aux arrêts et transférés à la prison de

[18] p. 156

Kénitra, avant d'intégrer le bagne de Tazmamart. Là, ils furent enfermés dans des cellules étroites, coupés de tout contact, s'alimentant peu, et se débattant au quotidien contre les maladies et les mauvaises conditions de vie. Dans un ouvrage poignant, Gilles Perrault dépeignit d'ailleurs cet univers. Suivons-le dans la description qu'il en fit et où il décrivit ces êtres, véritblement *néantisés* (sic) et classés *Nacht und Nebel* (resic) :

> *Elles (les cellules) font trois mètres sur quatre-vingt-dix de long et deux mètres quarante de large, avec une hauteur sous plafond de trois mètres soixante-treize. Dans un coin, des cabinets à la turque dépourvus de chasse d'eau. Une dalle de béton sans paillasse sert de lit. Deux couvertures en tout et pour tout. Ni table ni chaise. Un pot en plastique et une assiette sont les seuls ustensiles mis à la disposition du détenu. La principale caractéristique des cellules est qu'elles sont plongées nuit et jour dans l'obscurité. L'air, mais non la lumière, arrive par dix-sept trous de dix centimètres de diamètre percés en haut du mur donnant sur le couloir, hors de portée du prisonnier. Le couloir lui-même reste obscur ; les geôliers n'allument la lumière que le temps de la distribution de la soupe, pour voir l'assiette tendue. Un autre trou, lui aussi de dix centimètres de diamètre, est percé dans le plafond mais un second plafond en tôle ondulée fait écran à la lumière. Ainsi, même en été, quand le soleil est à son plus brutal, les emmurés de Tazmamart ne discernent le passage de la nuit au jour qu'à une atténuation presque imperceptible des ténèbres qui les environnent…*[19]

Sur la base de *Robben Island* et de Tazmamart, le bagne fait alors penser à un espace sinistre, à un mouroir, à un espace glauque, où il ne fait pas bon vivre, où tous ceux qui y sont transférés se persuadent à l'avance de ne pas en sortir vivants. N'est-ce pas ce qui motiva les tentatives d'évasion des prédécesseurs de Mandela à *Robben Island* ? Autshumayo par exemple qui parvint à s'enfuir en mettant en œuvre une stratégie imparable-il emprunta un bateau à la coque trouée et que l'on croyait inutilisable-, Makana, connu aussi sous le nom de Nxele, qui commandait l'armée xhosa tout au long de la *Quatrième Guerre khosa* et qui avait tenté une fuite infructueuse car s'étant noyé, Langalibalele, condamné en 1873, etc. D'ailleurs, n'est-ce pas dans cet espace que Nelson Mandela contracta l'infection

[19] *Op. cit.*, p. 269

pulmonaire qui lui valut d'être interné en décembre 2012, en mars et en mai-juin 2013 dans un hôpital militaire de Prétoria en Afrique du Sud et d'inquiéter le monde entier ? Nous osons alors nous interroger : est-ce à dire que tous les bagnes se ressemblaient, que celui de Ndjolé était identifiable à ces bagnes que nous venons de décrire ci-dessus ?

Avant d'y répondre, il faut dire de nouveau que le bagne de Ndjolé fut érigé en 1898[20], une dizaine d'années après celui de Libreville, en 1887. Il faut ajouter que Ndjolé était une ville de l'intérieur du pays, fondée, quelques années auparavant, par Pierre Savorgnan de Brazza, au cours de sa troisième mission exploratoire, la « Mission de l'Ouest africain », qui eut lieu de 1883 à 1885. Après avoir été un campement et une agglomération de villages, elle se mua en station, et plus exactement en poste militaire et administratif. Elle était située dans le Bas-Ogooué (aujourd'hui Moyen-Ogooué), dont la capitale est Lambaréné, la ville du célèbre « Grand Blanc Albert Schweitzer »[21]. Actuellement, elle fait office de « point-carrefour » vers quatre provinces du Gabon : l'Ogooué-Lolo (capitale Koula-Moutou), l'Ogooué-Ivindo (capitale Makokou), le Haut-Ogooué (capitale Franceville) et le Woleu-Ntem (capitale Oyem). Elle est située au bord de l'Ogooué, ce qui lui donne une allure de ville « rêvassante », calme, et en même temps endormie, assoupie.

---

[20] Les documents qui en font mention parlent, en effet, de « l'extrême fin du XIXe s. »

[21] (*dixit* le cinéaste camerounais Bassek Ba Kobio, réalisateur d'un long métrage sur l'homme Albert Schweitzer, Prix Nobel de la Paix, et grand humaniste, qui y est présenté tel qu'il fut, sauveur de nombreuses vies humaines à *Andendé*, avec son casque colonial toujours vissé sur sa tête et sa moustache broussailleuse)

Carte n°1 :

Le Gabon

(avec une mise en exergue de la ville de Ndjolé)

LOCALISATION DE LA ZONE D'ÉTUDE

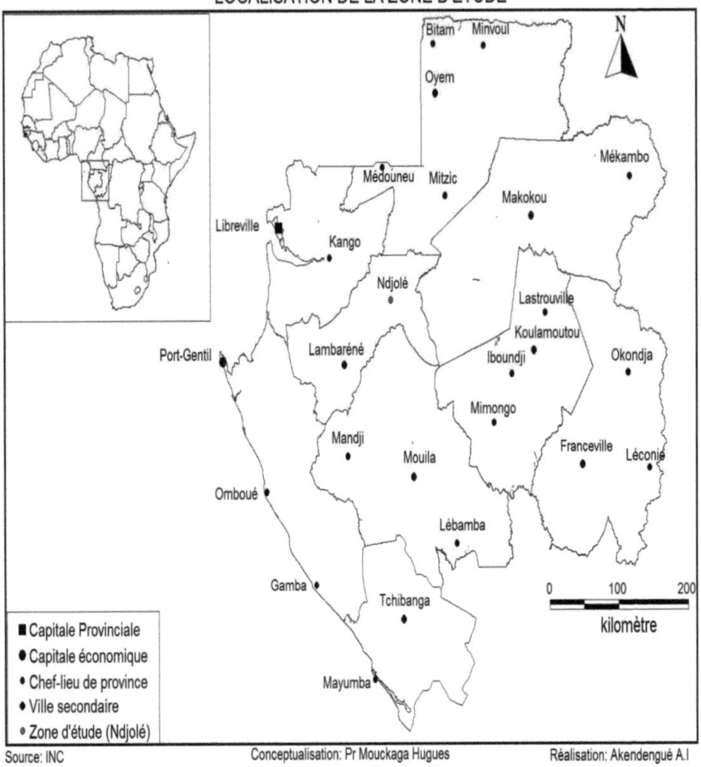

Source: INC Conceptualisation: Pr Mouckaga Hugues Réalisation: Akendengué A.I

C'est donc cette ville qui accueillit un bagne. Alors que celui de Libreville était situé dans l'actuel centre-ville, et plus exactement au wharf de la marine, à quelques encablures de la Présidence de la République, en face de l'actuelle paroisse Saint-Pierre, à Ndjolé, il avait été érigé sur une île, « l'île Missanga », au milieu du fleuve Ogooué, et porta le nom d' « île-prison », avant d'être rebaptisé « l'île

Samory », par référence à ce déporté politique, ce grand résistant soudanais contre l'impérialisme français, l'Almamy Samory Touré, qui y fut interné en 1898, avant de trouver la mort, douze ans plus tard, en 1910. Y séjournèrent, non seulement un condamné d'origine asiatique –un Annamite- mais surtout des déportés politiquess originaires de ce que les habitants de Ndjolé appelaient le Danhomè *(Danxomè)*, ce territoire de l'Afrique occidentale française (AOF) : l'Almamy Samory Touré, Cheikh Ahmadou Bamba Mbacké[22], Fassiné Oularé[23], Ago-li-Agbo[24], Dossou Idéou (plutôt que Yedeon) et Aja Kpoyizoun[25], Mohammed[26], Miokhor Diouf et Amadou Fall[27], Amangona et Mombo[28], Kakou[29]...

---

[22] Chef des Mourides et natif du Sénégal, en mémoire duquel a été érigée une mosquée à Libreville, la mosquée Cheikh Ahmadou Bamba Mbacké, au quartier Montagne sainte, infrastructure inaugurée le 30 novembre 2012 en présence des autorités politiques et religieuses gabonaises et sénégalaises

[23] Originaire de Guinée, condamné perpétuel de droit commun le 16 mars 1903 et bénéficiaire d'une remise de peine le 11 avril 1911, un élargisement décidé par le président de la R.F. (République Française) et qui lui valut d'être rapatrié dans son pays, au lendemain du 16 août 1911

[24] Déporté politique du Danhomè (*Danxomè*) à la suite de sa condamnation le 12 janvier 1904 et rapatrié en novembre 1910

[25] Autres déportés politiques du Danhomè (*Danxomè*) en 1902 et bénéficiaires d'une remise de peine onze ans plus tard, avant que le second cité ne meure par noyade sur le trajet Ndjolé-Cap-Lopez, alors qu'ils étaient en partance pour Cotonou *via* Libreville, en février 1913

[26] Déporté politique de l'Oubangui-Chari-Tchad en 1906

[27] Autres déportés politiques d'origine sénégalaise

[28]Déportés politiques de la Côte-d'Ivoire en 1900 et bénéficiaires d'une remise de peine en 1909

[29] Autre déporté politique de Côte d'Ivoire, décédé en internement en 1909

Carte n°2 :

Le Danhomè (*Danxomè*)

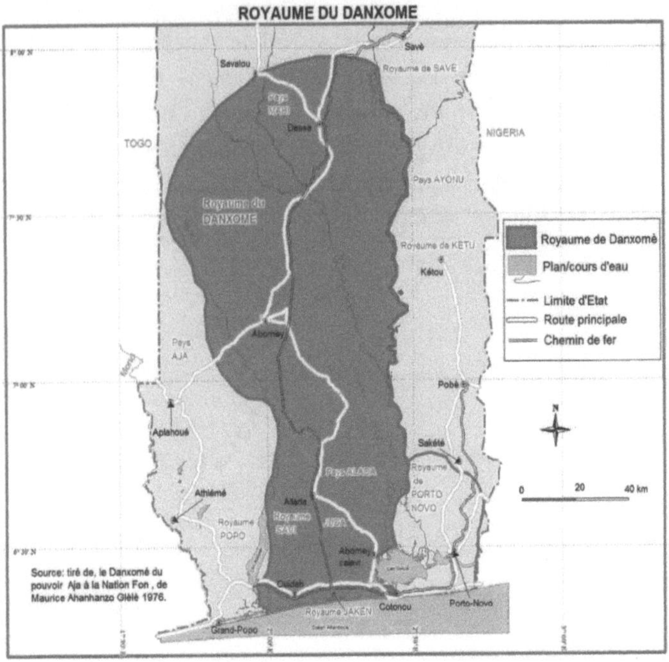

Parmi tous ces pensionnaires, il y en a qui survécurent, parvenant au bout de leur peine sans dommage particulier ; mais il y en a qui ne le purent point ; ils passèrent de vie à trépas. Nous revenons alors à notre question initiale : le bagne de Ndjolé, était-il un bagne classique ? Autrement dit, avait-il les mêmes caractéristiques que ceux de *Robben Island* et de Tazmamart ? Et plus largement, ressemblait-il à ceux que l'Etat français avait implantés sur la métropole et, peu après, sur les Territoires et Départements d'outre-mer (Guyane, Nouvelle Calédonie) ? Si non, où se situa sa particularité ? Des questions qui renvoient à d'autres : pourquoi certains déportés politiques survécurent-ils alors que d'autres ne le purent point ? Est-ce parce que cet environnement était adapté à une certaine catégorie de déportés, ceux qui étaient forts, vigoureux, costauds, broyant tous ceux qui ne pouvaient s'y adapter du fait de leur constitution : frêles, maigres, peu résistants ? Est-ce parce que tout bagne était par définition « dévoreur » d'hommes et donc fait pour tuer, à commencer par ceux qui ne pouvaient s'y accoutumer ?

Pour tenter de répondre à ces questions, deux types de documents nous ont servi de base : les sources et la bibliographie. Les sources sont appelées « documents de première main ». Ce sont des témoignages, autrement dit des faits rapportés par ceux qui vécurent les faits, soit *de visu*, soit *de auditu*, les témoins oculaires ou auriculaires. Nous y avons recouru, tant en ce qui concerne les sources orales que les documents d'archives. Dans l'un de ses récents *opus*, *Sources orales et histoire africaine. Approches méthodologiques*, édité à Paris, chez L'Harmattan, en 2011, *opus* préfacé par madame le Pr. Claude-Hélène Perrot, monsieur le Pr. Théodore Nicoué-Lodjou Gayibor décrit en ces termes les sources orales :

> *Les sources orales sont (...) des récits oraux, transmis de bouche à oreille. Elles représentent en général l'ensemble de l'héritage immatériel légué oralement par les ancêtres, de génération en génération. Ce legs concerne un passé plus ou moins lointain et englobe l'ensemble des activités humaines, des manifestations naturelles ou surnaturelles vécues par les hommes(...) La tradition orale fait intégralement partie de la mémoire...* [30]

Depuis leur réhabilitation au XIXe siècle par l'Ecole positiviste qui y vit un moyen pour les sociétés dites sans écriture de restituer les faits et donc de briser leur an-historicité, les sources orales, activement défendues par des universitaires de haut vol, parmi lesquels on peut citer Amadou Hampâté Bâ, Joseph Ki-Zerbo, Elikia Mbokolo, Jan Vansina, André Leroi-Gourhan, Robert Cornevin, Yves Person, Georges Balandier, ont donc acquis droit de cité parmi la panoplie des sources dont dispose le chercheur pour connaître son sujet. Elles sont d'une importance première, sous réserve d'en faire bon usage, de savoir mettre à contribution la mémoire, de faire le bon choix entre le bon grain, c'est-à-dire la bonne information, celle qui concourt à la vérité, sans ajout, sans fard, sans omission, sans aspérité, et l'ivraie, autrement dit la mauvaise graine, la zizanie, celle qui

---

[30] p. 26

obstrue la réalisation de la vérité parce que travestie, amplifiée, grossie, tronquée, à dessein, pour « tirer la couverture à soi » ou involontairement, du fait d'une mémoire poreuse. Ces sources orales, nous les appelons aussi les informateurs. C'est convaincu de cette réalité que nous y avons recouru. Dans cette optique, nous avons interrogé, lors de notre séjour à Ndjolé, certains habitants de cette ville[31], et plus singulièrement ceux qui en connaissent des bribes de l'histoire, pour l'avoir vécue ou pour l'avoir entendue décliner par certains Anciens ; pour nous, il s'agit de notables, c'est-à-dire des gens d'un certain âge, pétris de sagesse, ayant exercé des activités d'importance et s'étant suffisamment renseignés sur certaines questions dignes d'intérêt, pour la connaissance de notre sujet ; nous les avons rencontrés au cours de notre séjour[32] ; tout au long de nos entretiens, ils ont accepté de nous renseigner sur les aspects que nous considérions comme fondamentaux pour la compréhension de la question relative aux déportés politiques. À ces notables en résidence à Ndjolé, nous avons joint d'autres, notables eux aussi, mais qui ont leurs « quartiers » à Libreville, souvent pour des raisons professionnelles, mais dont la connaissance et la maîtrise de l'histoire de leur terroir ne sauraient être mise en doute[33]. À eux nous avons associé des jeunes, étudiants pour la plupart[34], que nous avons sollicités, et qui ont fait la démonstration de leur intérêt marqué pour l'histoire de leur terroir. À ceux-là, il faut ajouter deux types

[31] Parmi ceux-ci, nous retiendrons : L. Békalé, environ 60 ans, B. Nze Meye, environ 65 ans, ancien instituteur, ancien maire de la commune, M. Tanko Zakari, environ 57 ans, imam de la mosquée et natif de Ndjolé, A. Mnko-Mi-Ngone, environ 65 ans, Technicien de santé à la retraite

[32] Nous avons, en effet, séjourné à Ndjolé, du lundi 13 au mercredi 15 août 2012 et avons eu la possibilité de toucher du doigt les réalités plurielles propres à cette ville

[33] C'est le cas de J. Ndoume Assebe, environ 69 ans, Enseignant-chercheur à la retraite (maître-assistant en Histoire africaine), ancien Ambassadeur en Guinée et en Angola, ancien Secrétaire général du Ministère de la Communication puis de la Culture, des Arts et de l'Education Populaire

[34] Il s'agit de : L. Nzeng Eyogho, environ 22 ans, étudiant en 1ère année d'Histoire à l'UOB, S. Ndong Bekalé, environ 23 ans, étudiant en Master de Sociologie

d'informateurs : les locuteurs de l'*Akélé*[35], dont la connaissance sur la quintessence du nom de Ndjolé nous a été utile pour comprendre la substance de ce mot et partant d'en percevoir les fondements des ses origines ; des non originaires de Ndjolé, mais dont l'intérêt pour l'histoire de cette ville et même des questions se rapportant à son passé sont manifestes[36]. À ces informateurs nous n'oublierons pas d'associer ceux que nous avons rencontrés à Lomé (Togo), à la faveur du Colloque organisé dans cette ville, et à Tado, en pays aja, là même où officia Aja Kpoyizoun, avant de se rendre aux Français et d'être déporté à Ndjolé (Gabon), *via* Porto-Novo et Libreville : Owi Francis, prince de Tado et de lignée royale ; Vossa Dally Dzréké, militant du CUT depuis 1946 ; Gbehoumbou Alomanassou, actuel roi de Tado, 186e de son rang. Auprès de ces derniers, nous avons écouté tous les témoignages sur Aja Kpoyizoun, ce roi thaumaturge, mais également sur le contexte de la résistance qu'il mena face à l'autorité coloniale, préférant se rendre à l'oppresseur, plutôt que de sacrifier son peuple.

Avec les autres, par contre, nous nous sommes entretenu à bâtons rompus, *aperto corde*, mais aussi *abundantia cordis*, sans tabou, sur tous les sujets. Au cours de ces échanges, nous avons eu recours, non pas au questionnaire, qui, de notre point de vue, aurait présenté l'inconvénient de figer les réponses et de s'en tenir aux seules questions posées, mais à l'entretien direct, c'est-à-dire au dialogue, au jeu de questions-réponses, qui avait l'avantage de la liberté de ton, de pensée et d'expression, ce qui nous a permis de nous

---

[35] C'est le cas de J.-G. Abambole, environ 53 ans, philosophe, spécialiste de la didactique, et Enseignant-chercheur à l'École normale supérieure (ENS) de Libreville.

[36] C'est le cas de J.-A. Éyeghe, environ 56 ans, Historien, Enseignant-chercheur à l'École normale supérieure (ENS) de Libreville, originaire de Lambaréné ; J. Angoune Nzoghe, environ 58 ans, Bibliothécaire et Historien, originaire de Donguila, dans la province de l'Estuaire, W.-A. Ndombet, environ 53 ans, Historien, Enseignant-chercheur au département d'Histoire et Archéologie de la Faculté des Lettres et Sciences humaines (FLSH) de l'Université Omar Bongo (UOB), M. Nsole Biteghe, environ 60 ans, Historien, Enseignant-chercheur au département d'Histoire et Archéologie de la Faculté des Lettres et Sciences humaines (FLSH) de l'Université Omar Bongo (UOB), A.Z. Nyama, environ 40 ans, Enseignant-chercheur au département d'Histoire et Archéologie de la Faculté des Lettres et Sciences Humaines (FLSH) de l'Université Omar Bongo (UOB).

alimenter de réponses de toutes sortes et de commentaires supplémentaires, y compris des *excursus*, que les uns et les autres pouvaient apporter.

Pour les documents d'archives, il a été surtout question des rapports et autres actes administratifs relatifs à la situation de Ndjolé dans le temps, pris par les différents responsables en activité à tel ou tel moment, et qui avaient juridiction sur Ndjolé, mais aussi des correspondances et autres documents concernant tel ou tel déporté, auxquels s'ajoutent les rapports des divers officiers du poste militaire et administratif, les comptes-rendus de missions, les notes, etc. ; toutes choses qui offrent l'opportunité de décrire les faits avec un pragmatisme et un sens certain du réalisme. À Libreville, ils sont entreposés à la Direction générale des archives, de la bibliothèque et de la documentation gabonaise (DGABD) encore appelée *Archives nationales*, même s'il reste à déplorer leur tenue[37]. Des indications de prime importance sur la question des déportés sont contenues dans *Affaires politiques et administratives, Carton 205. Rapports politiques, Djolé : déportés politiques, 1910-1937, Carton 206. Rapports politiques, Inspection des affaires administratives, tombeau de Samory, lettre n°270, 1938, Carton 863. Organisation administrative du Gabon, 1914-1920.*

La bibliographie, enfin, comprend les ouvrages généraux réalisés à partir des sources. Ils sont dits « documents de seconde main ». Ils sont constitués à partir des sources. Nous y avons aussi recouru. S'il reste vrai que dans cette liasse documentaire l'on ne trouve pas d'ouvrages consacrés exclusivement au bagne de Ndjolé, il n'en demeure pas moins que quelques réflexions existent, qui

[37] La Direction générale des archives, de la bibliothèque et de la documentation gabonaise (DGABD) est située sur le front de mer et est de ce fait exposée aux courants marins, avec ce que cela implique d'effets néfastes sur les œuvres qui y sont contenues. De plus, le site retenu pour l'implantation de cette structure est une ancienne zone marécageuse, en proie à l'humidité. Enfin, le bâtiment qui abrite cette structure ne dispose pas de toutes les commodités nécessaires pour une bonne conservation des documents d'archives. Résultat : les uns et les autres d'entre eux sont d'une manipulation malaisée car usés par le temps.

permettent de comprendre le fait carcéral au Gabon à l'époque coloniale. Il en est ainsi, entre autres, de *Les espaces carcéraux au Gabon, 1887-1959*, Thèse de Doctorat, Université d'Aix-Marseille 1, 2006, de Fabrice Nguiabama-Makaya, travail réalisé sous la direction de madame le Pr. Colette Dubois, de « Coloniser et enfermer au Gabon : les limites d'un processus (1887-1960) » in *Colonisation et Colonisés au Gabon*, Paris, L'Harmattan, 2007, pp. 163-184, du même auteur. Ces deux publications, écrites par un chercheur qui a eu le loisir de descendre sur le terrain, de questionner des acteurs du fait carcéral pendant l'époque coloniale, ont le mérite de camper le sujet et de débroussailler de nombreux pans qui rendaient, jusqu'alors, ce sujet opaque. Il en est également de cet article de Patrick Ceillier, « Déportés Annamites. Le pénitencier de Libreville » paru dans *Gabon Magazine*, n°5, sept. 2008, pp. 12-18, dont les détails sur ces *bagnards* asiatiques ayant foulé le sol du Gabon, ces 96 Annamites, offrent l'opportunité de saisir un instantané de l'histoire coloniale du pays, et de comprendre dans quel contexte se fit cette arrivée, comment ces prisonniers furent traités et de quelle manière ils finirent, pour la plupart d'entre eux.

Outre ces deux publications, d'importance, en ce qu'elles offrent l'opportunité de saisir les ressorts de l'espace carcéral conçu par l'administration coloniale comme un instrument d'accompagnement de son autorité et de son enracinement en terre gabonaise, il y en a d'autres qui portent sur ce même type d'espace et qui ont permis de ceinturer le sujet. Sans prétendre à l'exhaustivité, nous nous en tiendrons pour l'essentiel à quelques-uns, que nous considérons comme les plus dignes d'intérêt sur la question étudiée : la monographie réalisée sur l'Almamy Samory Touré par un historien de haut vol, un homme riche en couleurs, un savant parmi les plus brillants de son époque et même de tous les temps, Yves Person, intitulée *Samori, une révolution dyula* ; une thèse monumentale de plus de deux mille (2000) pages qui a permis, après de fructueuses recherches menées pendant une quinzaine d'années sur le terrain du Soudan, de la Guinée et de la Côte d'Ivoire, d'aboutir à des conclusions sur l'homme et son action jusqu'à l'apogée de l'Empire, au point de sacrifier sa vie par une peine d'exil au Gabon ; l'ouvrage coordonné par Florence Bernault, *Enfermement, prison et châtiment en Afrique. Du 19e siècle à nos jours*, Paris, Karthala, 1999, et qui contient une série de contributions qui permettent de faire le tour de la question carcérale, de l'époque précoloniale à l'époque coloniale ; la réflexion d'Eric Fougère, *Ile prison, bagne et déportation*, Paris, L'Harmattan, 2002, dont les informations et les analyses menées avec soin et sagacité sur la question de *l'île-prison* et sur celle de la déportation, nous ont permis de disposer d'éléments supplémentaires pour comprendre et expliciter le sujet abordé ; la thèse de doctorat en Histoire de Xavier Cadet, thèse soutenue à l'Université de Lille III sous la direction de monsieur le Pr. Jean Martin sous le titre suivant, *Histoire des Fang. Peuple gabonais*, qui offre des informations irremplaçables, puisées à bonne source, parfois auprès des descendants d'Albert Veistroffer, l'un des commandants du poste de Ndjolé quelques années après sa fondation, non seulement sur le peuple *fang*, sur la place de cette communauté culturelle sur l'échiquier gabonais de l'époque, mais également sur le site même de Ndjolé, sur celui de « l'île-prison » donnant ainsi l'occasion de prolonger les informations en notre possession et que la vacuité des centres documentaires ne permet plus de fournir. L'on ne saurait guère ne pas énoncer d'autres textes, dont le contenu nous a été d'un apport indéniable pour la maturation de ce travail : nous nous en tiendrons essentiellement aux communications faites au colloque *Le refus de l'ordre colonial…* et plus spécialement à la communication de monsieur le Pr. Théodore Nicoué-Lodjou Gayibor, intitulée *Kpoyizoun, le résistant,* où l'homme Aja Kpoyizoun est présenté tel qu'il fut, et à celle de monsieur le Pr. Jean-François Owaye, *Transportation et déportation…*, où l'auteur décrit ces deux termes et montre leur applicabilité au Gabon.

Muni de toutes ces données, nous avons choisi de mener notre réflexion à partir d'un plan binaire, c'est-à-dire en deux parties. Dans ce cadre, nous avons intitulé la première partie : *Ndjolé, du campement à la ville-île-bagne : jusqu'en 1898.* Ainsi conçue, elle devrait offrir l'occasion d'interroger l'histoire pour comprendre le processus suivi par cette ville à travers les âges, dans le temps et dans l'espace. L'on s'efforcera ainsi de savoir comment et à quelle occasion ce site a été occupé par les *Akèlè*, devenus dès lors successeurs des Pygmées ou Négrilles, comment il est passé à l'état de campement, et comment il a évolué du statut de campement à celui de village, avant de devenir une station, un poste militaire et administratif.

La deuxième partie, nous l'avons intitulée *Ndjolé, la ville-île-bagne, un lieu de vie et de mort* : *1898-1913*. À ce niveau de la réflexion, nous nous appesantirons sur le bagne proprement dit. Il s'agira ainsi de chercher à savoir où il fut situé, dans quel contexte il fut créé, quelles furent les fins visées par la puissance tutélaire, la France en l'occurrence, quelles en furent les caractéristiques, comment les prisonniers y vivaient, et s'il leur était loisible de s'en sortir, autrement dit de purger leur peine et de recouvrer la liberté sains et saufs.

Nous y verrons également quand l'on commença à enregistrer les premiers décès, quelles furent les causes de ces morts, et ce qui arriva à Aja Kpoyizoun, entre autres.

Dans ce bagne de Ndjolé, vie et mort se trouvèrent donc entrelacées, imbriquées fortement, ce qui explique que nous abordions ces deux aspects en même temps.

Quelques Informateurs

Photo n°1 : **Jean Ndoume Assebe**[38]

Prise de vue de l'auteur

Photo n°2 : **Jean- Gérard Abambolé**[39]

Prise de vue de l'auteur

[38] Un universitaire rigoureux, sérieux, doublé d'une mémoire active et agissante. De plus, un homme attaché à son terroir !

[39] Un homme de savoir, un homme de terroir

Photo n°3 : **Louis Békalé**[40]

Prise de vue de l'auteur

Photo n°4 : **Laurent Nzeng Éyogho**[41]

Prise de vue de l'auteur

[40] Une mémoire vive et un vécu riche au service de la cité
[41] Un étudiant jeune, un esprit « curieux » et un intérêt marqué pour l'histoire et pour la vie de son terroir

Photo n°5 : **Stéphane Ndong Békalé**[42]

Prise de vue de l'auteur

Photo n°6 : **Le roi de Tado (sous l'ombrelle en tenue d'apparat)**[43]

Prise de vue de l'auteur

[42] Un universitaire jeune, disponible, dévoué, et au fait des réalités de son terroir

[43] Un attachement viscéral à la mémoire d'Aja Kpoyizoun, son lointain prédecesseur, et un souci constant de le réhabiliter

Photo n°7 : **Owi Francis, prince de Tado**[44]

Prise de vue de l'auteur

Photo n°8 : **Vossa Dally Dzréké**[45]

Prise de vue de l'auteur

[44] Une descendance soucieuse de rétablir la vérité sur l'homme Kpoyizoun par un témoignage de poids !

[45] Un homme à l'expérience éprouvée et à la mémoire vive

Ière Partie

Ndjolé, du campement à la ville-île bagne : jusqu'en 1898

Kuga, le dja ! Kuga le dja ! dja giyele obani ni

(*Venez manger ! venez manger ! Il ya toujours quelqu'un pour commencer*)

Proverbe *Ambaama,* sud-est du Gabon

Auparavant, il convient d'apporter les précisions suivantes, d'ordre temporel, pour situer les choses et les replacer dans leur contexte : aujourd'hui, il est quasiment su de tous les Gabonais peu ou prou initiés à la géographie que Ndjolé est une ville de province, qui occupe une place centrale dans la province du Moyen-Ogooué, la troisième province du pays, et dont la capitale est Lambaréné, la ville du « Grand blanc », le Dr. Albert Schweitzer. Elle est distante de Libreville de près de 200 kms que l'on rallie par la voie terrestre en trois heures et par la voie ferroviaire en deux heures.

Elle se situe dans le département de l'Abanga-Bigné, dont elle est par ailleurs la capitale.

Pour y arriver par la voie terrestre, et ce au départ de Libreville, il faut emprunter la Route Nationale, N1, qui mène jusqu'à l'extrême nord, Bitam, et à l'extrême sud du pays, Mayumba, et traverser les bourgades suivantes : Ntoum, Kango, Bifoun.

Ndjolé comprend les quartiers suivants :

Le quartier administratif et commercial, hérité de l'époque coloniale ; c'est le quartier le plus ancien en raison de son caractère historique. Situé sur la rive droite du fleuve Ogooué, il abrita le siège de l'autorité coloniale, quand celui-ci quitta l'*île-Missanga*. S'y trouvent implantées des bâtisses d'époque coloniale, pour l'essentiel ayant fait l'objet d'une restauration, mais aussi des habitations modernes. À coté de ces infrastructures, se trouvent les installations administratives, la Préfecture par exemple, les commerces de gros, de semi-gros et de détail. C'est le quartier des fonctionnaires.

Le quartier *kilomètre 1* : ce quartier a été créé lors du transfert de la mission protestante de l'ile Talagouga à N'Kolessong au nord-est de Ndjolé. Il est situé à environ un (1) kilomètre du centre administratif. La plupart des maisons y sont construites en dur et en semi-dur. C'est là que fut érigé le Collège d'Enseignement Secondaire (CES) de la ville, mais également les logements des enseignants.

Le quartier *Missanga*. Il émane des missionnaires qui s'y installèrent après leur départ de la rive gauche de l'Ogooué. Il se présente sous une forme linéaire avec des maisons disposées de part et d'autre de la route principale. On y trouve aussi bien une église qu'une mosquée, lieux de culte réservés aux communautés chrétiennes et musulmanes, mais aussi expression de l'oecuménisme des populations. Les commerçants d'origine ouest-africaine (Sénégalais, Maliens, Nigériens…) y sont installés à titre principal.

Le quartier *Nyamogheboun* ou *Dourazôme*. Il est situé sur une colline, ce qui rend impossible toute occupation rationnelle de l'espace. C'est le site occupé essentiellement par des communautés culturelles *punu*, *kota*, *nzèbi*, *povè*, mais aussi par d'autres, du groupe ethno-culturel *fang*, membres du clan *Essinzui*.

Le quartier *Bingoma*. Ce quartier tire son nom de nombreux bambous de chine que l'on y trouve à perte de vue. Il se situe en bordure de l'Ogooué, mais aussi du lac *Meyong*, ce qui en fait une zone souvent inondée en période d'hivernage, c'est-à-dire en saison des pluies. De tous les quartiers de la ville, c'est le moins accidenté et le plus bas. Son altitude moyenne est d'environ 30 m. C'est également le quartier administratif et commerçant. S'y trouvent, en effet, outre des débits de boissons, la société Ceca-Gadis, une poissonnerie et une boulangerie, ainsi que le magasin Gaboprix. Y sont implantés aussi la subdivision des Travaux publics (TP) du Moyen-Ogooué et des établissements d'enseignement primaire et secondaire, toutes choses qui lui donnent, par moments, l'allure d'une ville active.

Ndjolé est aussi une ville cosmopolite, plurielle, en ce qu'elle abrite diverses communautés culturelles qui vivent en relative symbiose : *fang*, *akèlé*, *povè*, *apindji*, *punu*, etc.

C'est une ville-carrefour, dans la mesure où elle fait la jonction avec d'autres provinces : le Woleu-Ntem (capitale Oyem), l'Ogooué-Lolo (capitale Koula-Moutou), le Haut-Ogooué (capitale Franceville) et l'Ogooué-Ivindo (capitale Makokou).

C'est enfin une ville qui, à certains moments de son histoire, a eu des accents frondeurs. En 1990, en effet, du fait de l'ouverture démocratique survenue au lendemain de la Conférence Nationale, organisée en mars-avril, l'opposition n'y fit-elle pas « ses quartiers » ? Il se susurre aussi qu'en 1964, au lendemain du coup d'Etat qui fut perpétré par les militaires contre le régime du président Léon Mba, premier président du Gabon, et qui faillit emporter son régime, c'est là que les putschistes voulurent le conduire pour l'installer en résidence surveillée.

C'est donc cette ville qui, en juin 1883, devint une station, un poste militaire et administratif, œuvre de l'explorateur Pierre Savorgnan de Brazza, avant d'être amenée à abriter, en 1898, sur son île, un bagne, qui fut appelé « l'île-prison », et qui accueillit de nombreux déportés politiques appelés, de l'avis des *Ndjoléennes* et des *Ndjoléens,* si l'on en croit Jean Ndoume Assebe, les « Danhoméens » (*Danxoméens*)[46].

Sur la base de cette même histoire, nous savons que le 1er juillet 1900, sur décision du président de la République française, Monsieur Emile Loubet, qui avait pris un décret dans ce sens, à Rambouillet, neuf mois plus tôt, c'est-à-dire le 1er octobre 1899, le bagne de Libreville fut supprimé, alors que celui de Ndjolé continua à fonctionner.

Tous ces faits, mis bout à bout, donnent donc à Ndjolé de la contenance et en font un espace particulièrement riche, dont le passé regorge de faits. Question: avant de devenir un poste militaire et administratif, par quelle trajectoire transita cet espace ? Il s'agit donc d'en étudier l'évolution spatio-temporelle.

---

[46] Entretien cité

L'identité

Au préalable, un fait mérite d'être examiné : l'identité du site portant actuellement le nom de Ndjolé. Autrement dit, pourquoi l'appela-t-on ainsi ? Que veut dire Ndjolé ? Pourquoi ce nom lui fut-il attribué ? Dans une étude savante qu'elle a menée sur la question urbaine en Afrique, Catherine Coquery-Vidrovitch précise tout *de go* :

Si l'on veut (...) démontrer l'existence de villes africaines du passé, quelle meilleure référence que les langues africaines elles-mêmes ?[47]

Comme pour dire que pour comprendre le sens de certains sites choisis pour en faire des villes, le recours aux langues nationales s'avère nécessaire et même d'un intérêt majeur. Une question, alors, se pose : de quelle langue découle Ndjolé ? Est-ce du *Fang*, cette langue parlée par la majeure partie de la population qui s'y trouve installée aujourd'hui ? Jean Ndoume Assebe y répond :

Les versions sont nombreuses sur les origines du nom. Certains disent que cette origine est imputable aux Français qui, en arrivant sur les lieux, ont croisé une belle fille ; ils ont dit qu'elle était jolie, ce qui a donné Nzole. Le mot a alors été écorché. D'autres parlent du nom d'un roseau, ce qui pourrait s'avérer proche de la réalité car il y a beaucoup de roseaux autour de l'île. [48]

Avant de conclure par ces termes :

En tous les cas, la version définitive n'est pas encore établie ; on cherche encore. [49]

Un point de vue qui laisse Jean- Gérard Abambolé dubitatif. Et pour cause : même s'il n'est pas originaire de Ndjolé et donc n'y a pas ses pénates, cet *Akèlè* pur jus, natif de Sindara, avide de connaissances sur l'histoire du Gabon et, à une plus faible échelle, sur celle de la communauté dont il est issu, pense que les membres de son

---

[47] *Histoire des villes d'Afrique noire. Des origines à la colonisation*, Paris, A. Michel, 1993, p. 42

[48] Entretien du mardi 13 novembre 2012

[49] *Id., ibid.*

groupe communautaire pourraient être à l'origine de ce mot ! Suivons-le à travers ces propos :

Ndjolé est un mot qui dérive de Nzoudè ou Nzoulè. Il désigne les noix de couleur jaune ou rouge portées par des régimes d'espèce de palmier – bambou des forêts. On peut donc donner à ce mot la signification de bambous de paille. [50]

Se voulant plus explicatif, il apporte cette précision :

Ce bambou était souvent utilisé pour faire la pêche. C'est une variété qui produisait des fruits que l'on utilisait pour saouler les poissons avant de les capturer. [51]

Avant de conclure par ces termes :

D'ailleurs, cette zone qui recouvre Ndjolé et qui s'étend vers Oyem, en passant par Lalara, n'est-elle pas marécageuse ? [52]

Un point de vue du reste fort proche de celui d'un natif de Ndjolé, Louis Békalé ! :

Le nom de Ndjolé dit-il *tire son origine du nom d'un Akèlè, qui est l'une des ethnies que l'on retrouve dans cette ville. En effet, lorsque les hommes blancs arrivèrent dans cette ville, ils rencontrèrent cet Akèlè qui ne parlait pas français. Alors, les Blancs, ne sachant pas qu'il ne parlait pas le français, lui demandèrent quel était le nom de la ville ; l'Akèlè se disant que les hommes blancs lui demandaient comment on l'appelait, se mit tout simplement à donner son propre nom : Nzolè. Ainsi, à partir de ce nom, les Blancs ont trouvé la formulation de Ndjolè qui est désormais le nom de cette ville du Gabon.* [53]

Ce fait, d'ailleurs, n'est-il pas solidement établi depuis belle lurette ? Même s'il ne le dit pas de manière tranchée, ces propos de Joseph Ambouroue-Avaro sont sans équivoque. Reprenant les

---

[50] Plus précisément « celui dont on se sert pour faire la paille »
[51] Entretien du samedi 20 octobre 2012
[52] *Id., ibid.*
[53] Entretien du mardi 14 août 2012

observations de l'explorateur Paul Belloni du Chaillu[54], il indique en effet ce qui suit :

Ils (les Akèlè) ont précédé les Myènè, dans certaines régions, notamment le Bas-Ogooué. Ils ont en tout cas précédé les Fang, auxquels ils ont résisté d'abord, cédé ensuite. L'affrontement est vif dans la seconde moitié du XIXe siècle, entre Ndjolé et Lambaréné et autour de Samkita. [55]

S'ils furent donc les premiers de cordée sur ce site, avant les *kota*, les *Apindji*, les *Ossyéba*, les *Voubi*, les *Fangs* et les *Adouma,* comment admettre que l'origine du site ne leur incombât point ? Les *Akèlè* ne pouvaient s'installer les premiers sur un site sans lui trouver une dénomination ! Et si le nom de ce site fut réellement validé par les Blancs, autrement dit les colonisateurs, à la suite d'un échange qui se serait déroulé entre eux, comment alors ne pas accréditer l'option selon laqelle les interlocuteurs de ces Blancs n'ont été rien d'autre que des *Akèlè* ?

Certes, une quasi guerre de préséance sur fond de rejet de l'Autre a actuellement lieu au sein de cette ville et dans ses environs entre les élites communautaires fangs et les autres, les premières traitant les secondes d'allochtones, d'étrangers, d'*usurpateurs*, d'*intrus*, de *derniers-venus*, mais comment ne pas dire qu'en dépit de l'ambition toute légitime que peuvent nourrir les uns et les autres pour occuper des fonctions politiques ou administratives, il est malaisé de vouloir tordre le cou à l'Histoire car elle est là, têtue, intègre ?

Ainsi, même s'il reste difficile en l'état actuel des connaissances de déterminer avec exactitude l'origine exacte de Ndjolé, en attendant que les Historiens, les Linguistes, les Anthropologues, les Archéologues… conjuguent leurs sciences - un roseau ? une personne ? un bambou de paille ? -une unanimité se dégage évidemment sur un fait, élément nodal par ailleurs: le caractère

---

[54] « Les Kèlè étaient une des tribus les plus nombreuses, les plus répandues et les plus importantes » in *Voyages et aventures dans l'Afrique Equatoriale*, Paris, Michel Lévy, 1862, p. 432

[55] *Un peuple gabonais à l'aube de la colonisation. Le Bas-Ogowè au XIXe siècle*, Paris, Karthala, 1981, p. 44

central de l'*Akèlè*, comme premier habitant, après les Pygmées, de Ndjolé. Face à cette donnée, nous avons posé à Jean-Gérard Abambolé, une deuxième question, sur le rapport entre la quintessence du mot Ndjolé et l'identité définitive du site ; il nous a alors fourni cette réponse :

Je n'en suis pas plus informé que vous, mais je suppute que ce végétal a été abondant en ces lieux, que les premiers habitants l'ont utilisé avec bonheur et qu'ils en ont fait un dénominatif pour l'espace qu'ils allaient désormais occuper. [56]

Flash back

Pour comprendre le contexte de la présence des membres de cette communauté *akèlè* en ces lieux, un *flash back* s'impose. Avant d'arriver sur leur site définitif, les *Akélé* seraient partis de la Haute Sanga, aux confins du Congo et de la Centrafrique ; ils auraient ensuite transité par la forêt équatoriale après avoir subi les exactions des Zandé ; puis ils firent une halte dans le bassin supérieur de l'Ivindo où ils se seraient séparés du groupe pygmoïde *kota*. Ils auraient ensuite poursuivi leur route vers le sud en fondant plusieurs villages dont celui dénommé Ngwadi, dans le Haut-Ogooué. Ils se seraient alors disséminés en plusieurs coins du Gabon, parvenant dans la zone de Ndjolé et même de Lambaréné, l'actuel chef-lieu de la province du Moyen-Ogooué.

Parmi les explorateurs qui les rencontrèrent et établirent un contact avec eux, il y eut Paul Belloni du Chaillu. Quelques indications sur sa vie permettent de le connaître. Il vit le jour en 1831 ; il travailla au Gabon à partir de 1848 avec son père, commerçant français d'origine italienne, qui était fortement versé dans le négoce. Il en profita pour s'allier avec l'une des franges les plus importantes de la côte, à cette époque, les *Mpongwè*, et en maîtrisa la langue. En 1852, il se rendit à New-York avant de revenir au Gabon en 1856, animé de la ferme volonté de s'enfoncer à l'intérieur du pays, l'*hinterland*, en vue de l'explorer. C'est qu'il était tenaillé par le désir

[56] *Id., ibid.*

de faire le maximum de découvertes, de voir de quoi était fait le pays, d'en connaître tous les constituants, à commencer par les hommes. Mais il y avait autres choses qui tenaillaient l'homme Paul Belloni du Chaillu et qui le poussaient, plus que tout, à accomplir sa mission au plus vite et le plus loin possible ; *primo* : intégrer le cercle restreint des hommes de science, des savants, de manière à informer le monde sur les hommes et l'histoire naturelle de l'Afrique ; *secundo* : emporter dans ses bagages lors de son retour en Europe, un gorille, une espèce qui avait été récemment découverte et dont une dépouille avait été achetée par Franquet, médecin de la marine à Libreville, et expédiée au Muséum de Paris en 1852 ; *tertio* : retrouver, au-delà des Monts de Cristal, le fleuve Congo qui, était-on persuadé, coulait au nord de ces montagnes. C'est dans ce contexte qu'il rencontra les *Akèlè,* qu'il appela les *Bakalais.* Ayant fait leur connaissance parce qu'ayant cohabité avec eux, il put les présenter sous les traits suivants :

... C'est une des tribus les plus nombreuses, les plus répandues et les plus importantes que j'aie rencontrées dans l'Afrique Equatoriale... Leurs établissements sont très disséminés ; souvent j'ai trouvé des villages des Bakalais indépendants, perdus au milieu des pays occupés par d'autres tribus... Ils vivent sur le bord des fleuves et sont... d'excellents bateliers. Mais partout où ils se trouvent, ce sont de grands chasseurs, de fins commerçants et des guerriers perfides. [57]

Plus loin, comme s'il voulait apporter d'autres types de détails susceptibles de mieux faire connaître l'homme *akèlè*, il ajoute ces informations qui valent leur pesant d'or :

Une autre cause de crainte pour eux, c'est leur caractère perfide et querelleur. Ils sont constamment en dispute avec leurs voisins...Les Bakalais sont de taille moyenne. Les hommes sont pour la plupart bien faits, quelques-uns seulement sont de petite stature... Ils ne sont pas très noirs ; mais ils ont les caractéristiques du nègre. Leur vigueur musculaire n'est pas très remarquable, ce que j'attribue surtout à leur chétive alimentation, mais ils ont la force de supporter les privations et la fatigue, et font ainsi d'admirables

[57] *Voyages et aventures en Afrique Equatoriale*, Paris, Michel Lévy Frères, 1863, p. 430

chasseurs... les Bakalais n'ont pas beaucoup d'esclaves... leur costume est très léger... [58]

Mais ces traits n'étaient pas les seuls ; un autre a été relevé : le nomadisme, ou plus précisément le semi-nomadisme, ce qui poussa, à en croire Juste-Roger Koumabila, Hubert Deschamps à les ranger dans le lot de ce qu'il appelait « les populations dispersées »[59]. Paul Belloni du Chaillu l'affirme d'ailleurs en ces termes :

... Un des traits caractéristiques des Bakalais, celui qui les distingue de toutes les autres tribus auxquelles ils sont mêlés, c'est leur humeur vagabonde. Ils ne restent jamais longtemps en place. Souvent un village bakalai est à peine bâti, et les plantations n'ont pas encore donné de fruit, que déjà les habitants éprouvent l'envie de se transporter ailleurs. Alors ils abandonnent tout, ils ramassent leurs petites provisions, et s'en vont à de grandes distances fonder à grand peine un nouvel établissement qu'ils déserteront de même au bout de quelques mois... [60]

Des propos que reprend à son compte Joseph Ambouroue-Avaro, avant de souligner leur caractère « querelleur »[61] et « vigoureux »[62]. D'où le qualificatif « d'entrepreneurs de guerre, *abadi m'Akèlè* », « les guerres des Akèlè » que leur accolèrent les *Myènè*[63].

Ce sont donc ces hommes, hardis, entreprenants et toujours en mouvement, qui s'installèrent sur le site qui prit, plus tard, le nom de Ndjolé. Ils y trouvèrent inévitablement les Pygmées ou Négrilles, « *Akwa* en langue myènè, *Bethyu*, en fang »[64], qui avaient pris racine

---

[58] *Id.*, p. 437
[59] J.-R. Koumabila, *op. cit.*, p. 101
[60] *Op., cit.*, p. 28
[61] « Semi-nomades, les Kèlè, de caractère taciturne et même ombrageux et querelleur (...) ont l'expression du visage plein d'énergie et de vigueur ». *op. cit.*, p. 44
[62] « Ils se distinguent par leur aptitude aux coups de force, par les entreprises guerrières pour se procurer des esclaves. Ils ont laissé la réputation de porter la guerre dans les villages ». *Id., ibid.*
[63] *Id., ibid.*
[64] *Id., ibid.*

au Gabon depuis des lustres et qui peuvent être considérés, de ce fait, comme les véritables populations autochtones.

Ils se mirent alors à vivre de cueillette, de chasse et de pêche essentiellement, auxquels ils ajoutèrent plus tard, lorsque cette activité se révéla fructueuse et rémunératrice, le commerce des esclaves. Dès lors, ils vendront systématiquement leurs prises aux courtiers, ce qui fera qu'ils ne posséderont jamais d'esclaves[65]. Dans ce contexte, l'on comprend la place qu'une activité comme la pêche pouvait occuper : non seulement, elle permettait de vivre au quotidien, par de nombreuses prises de poissons, dont l'effet était d'améliorer le quotidien des uns et des autres, mais encore elle était source de revenus. Les *Akèlè* auraient alors fortement apprécié la présence abondante de cette sorte de bambou de paille qui pouvait saouler le poisson et leur permettre d'abondantes prises. Ce végétal aurait été ainsi perçu comme un élément salvateur, et aurait servi de déterminant à la dénomination du site. C'est donc en toute logique que, lorsque les autres peuples les rejoignirent, ils ne firent que reprendre ce mot, l'intégrer dans leur vocabulaire, et désigner cet espace par ce vocable. C'était à une date très lointaine, que les Historiens et même les Archéologues ont de la peine à situer : l'on parle du XVIe s., d'autres du XVIIe s., -c. 1600-, ce qui n'est pas invraisemblable, si l'on s'en tient à la version la plus répandue, selon laquelle c'est au XVe s. que les *Bantu*, parvenus au terme de leur mouvement migratoire, commencèrent à affluer vers ce qui devint plus tard le Gabon, et à s'installer en divers endroits. Quel processus aurait alors suivi cet espace sur lequel ils s'installèrent ?

[65] J. Ambouroue-Avaro, *op. cit.*, p. 45

Photo n°9 : **Un vieux chef akèlè**[66]

(Musée National des Arts et Traditions, Libreville)

[66] L'Homme est paré de bijoux, ce qui est signe d'une forme de noblesse. Mais ce n'est pas tout ! Il n'est pas très robuste, il n'est point vigoureux, il est plutôt svelte, comme un sportif, avec un corps quelque peu boursouflé, et qui comporte quelques scarifications, mais en y regardant bien, des insignes existent, qui montrent ses capacités : il a une coiffure toute spéciale et tient, dans sa main gauche, un outil, sûrement de chasse, ce qui serait alors la preuve de son appétence pour cette activité et, au-delà, pour les épreuves de force !

Photo n°10 : **Guerriers *akèlè***[67]

(Musée National des Arts et Traditions, Libreville)

[67] Cette iconographie ci-dessus va d'ailleurs dans le même sens. Elle nous présente deux guerriers *akèlè*. On remarquera le sérieux de leur regard ; ils exhalent une forme de gravité, au sens de *gravitas*, de « lourdeur », de « sévérité ». Ils sont vêtus sommairement, laissant la partie supérieure du corps découverte, mais ils n'ont pas l'air d'être des enfants de chœur ! Ils sont concentrés ! Comme s'ils étaient déterminés ! Ce sont des guerriers et ils le démontrent. Ils sont assis sur des tabourets, des banquettes, devant une case ; l'un est armé d'un fusil, et l'autre d'une lance, comme pour faire ressortir leur caractère indomptable : toujours prêts à passer à l'offensive, à se défendre s'il en est, à « en découdre » au besoin, contre un éventuel adversaire !

L'évolution

D'abord un campement

Les Anthropologues gabonais ayant réfléchi sur le processus évolutif suivi par les sites qui, aujourd'hui, sont devenus des villes, à commencer par le premier d'entre eux, Libreville, la capitale politique et administrative du pays, ont énoncé cette réalité : toutes les villes furent d'abord, à leurs origines, des campements. Il en est ainsi de Jean-Emile Mbot qui, à l'occasion d'une conférence donnée lors de la *Fête des Cultures,* conférence intitulée *Du campement cosmopolite au village planétaire*, révéla que « Libreville a été à l'origine d'une confluence de campeurs entre les « chercheurs d'abondance », les Blancs et les Noirs », avant d'ajouter ceci :

Il faut cependant faire remarquer que partout où les Blancs ont voulu réellement « habiter » comme dans une situation de « village réel », ils ont implanté des établissements durables, au moment où à Libreville, ils ont toujours campé. Les campements des Blancs à la recherche de l'okoumé et du pétrole, ont aussi rencontré les campements des Noirs à la recherche des bienfaits du Blanc. [68]

Une réalité que Guy Lasserre, Géographe émérite, qui a longtemps sillonné les forêts gabonaises avant d'en brosser les grands traits dans des écrits particulièrement savants, avait d'ailleurs déjà énoncée :

C'est autour du campement que s'implante la vie d'un chantier forestier. [69]

Sur cette base, l'on peut supputer que comme pour tous les espaces gabonais qui ont connu un processus évolutif jusqu'au moment où ils sont devenus des villes, ce site aurait été d'abord un campement, c'est-à-dire un espace provisoire, un lieu d'itinérance, un

---

[68] « Le campement comme mode de gestion de l'environnement » in *Revue Gabonaise des sciences de l'homme. Actes du Séminaire les formes traditionnelles de gestion des écosystèmes du Gabon,* N°5, juin 2004, p. 119

[69] « Okoumé : les chantiers forestiers du Gabon », in *Les Cahiers d'Outre-Mer*, 1955

milieu fait pour passer, sur lequel les hommes -et éventuellement les femmes- se seraient installés, en attendant de trouver un espace plus stable, et sur lequel ils auraient articulé leur vie. Compte tenu de la particularité de ce milieu-équatorial et donc giboyeux- et aquatique, ils y auraient pratiqué la chasse, la pêche, l'agriculture et la collecte des produits végétaux.

Cet espace aurait donc produit en abondance ; il aurait même permis de dégager un surplus, qui aurait alors été voué au gaspillage. Ces propos de Jean-Gérard Abambolé sur les mobiles du choix des sites choisis par les *Akèlè* pour installer leur campement, sonnent comme une sorte de confirmation de cette réalité :

> *Trois aspects étaient déterminants pour l'implantation d'un campement chez les Akèlè : un point d'eau pour s'approvisionner et faire la pêche ; un espace giboyeux pour s'alimenter et une élévation pour se mettre à l'abri de toute attaque surprise et voir venir les ennemis.* [70]

Abondance, mais aussi gaspillage, voilà les caractéristiques d'un campement et donc de cet espace que mirent en place ces populations *akèlè* et, plus tard, celles qui choisirent ce site pour s'installer. Mais on pourrait aussi ajouter : sécurisation ! Les populations *akèlè*, en effet, ne furent-elles pas portées sur la guerre ? Nous l'avons vu *supra*, en suivant la description de Paul Belloni du Chaillu qui fit leur connaissance, avant de cohabiter avec eux. Et Jean-Gérard Abambolé de rappeler le nom de « Nkwalbanze, un guerrier »[71] que l'historiographie gabonaise a pratiquement passé sous l'éteignoir, avant de préciser :

> *Disposer d'un site stratégique était une nécessité pour ce peuple, guerrier par excellence. Il s'installait en ayant à l'esprit la recherche d'un certain nombre de conditions minimales de sécurité. C'est ainsi qu'il pouvait se mettre de l'autre côté d'une rivière, pour entendre arriver l'ennemi, ou encore derrière une montagne, en lui tournant le dos. Cette recherche quasi*

---

[70] Entretien du 30 octobre 2012

[71] *Id., ibid.*

obsessionnelle a donné lieu à des noms de sites comme Nombakélé, autrement dit sur la colline, qui surplombe la rivière. [72]

Face à leurs semblables de la côte, le Marquis de Compiègne trouvait qu'ils « semble(aient) plus pacifiques et beaucoup moins cruels »[73] et pensait qu'ils n'avaient « ni l'industrie ni la rouerie pour le commerce »[74], mais n'était-ce pas le même peuple ? Ils s'étaient donc appuyés sur ces postulats pour faire leur choix et s'installer à bon compte. Les campeurs y auraient ainsi trouvé tout ce dont ils avaient besoin pour leur vie et leur survie, autrement dit pour accomplir leurs activités.

Il n'est pas exclu, non plus, qu'eu égard au caractère belliciste et guerrier de ce peuple *akélé*, cet espace leur ait servi de base pour la guerre, l'initiation et, peut-être également, la guérison. Ils auraient alors hérité de tout ce qu'avaient su engranger les peuples qui y avaient vécu par le passé, en l'occurrence les Pygmées ou Négrilles, et dont les découvertes réalisées, à la suite de fouilles archéologiques entreprises par Richard Oslisly et Bernard Peyrot, permettent, outre la profondeur dans le temps –le *lupembien*, autrement dit 70 000 av. J.-C.,- d'attester le génie et l'inventivité : armatures de lance biface aux fines retouches par pression, outils bifaces à bords plus ou moins parallèles à réserve corticale et pics bipointes[75], campement avec les congénères, le long des cours d'eau et du littoral océanique durant les périodes sèches et sur les collines des clairières et les dunes côtières durant les périodes humides, logement dans de petites huttes sphériques faites de branchages et de feuilles, œuvre de personnes de sexe féminin, mise à contribution de différentes essences pour le chauffage : *padouk* (*Pterocarpus soyauxii*), *asas* (*macaranga sp*), *okala* (*xylopia aethiopica*), *wengé* (*Millettia excelsa*), cuisson dans des

[72] *Id., ibid.*

[73] Cité par J. A. Eyeghe, « Les Gabonais dans le regard des voyageurs européens des origines au milieu du XXe s. » in *Humanitas*, N°1, décembre 2002, p. 115

[74] *Id., ibid.*

[75] R. Oslisly et B. Peyrot, *L'art préhistorique gabonais*, Multipress, Libreville, 1987. On peut aussi lire, avec intérêt, l'ouvrage de B. Clist, *Gabon : 100 000 ans d'Histoire*, Centre culturel français Saint-Exupéry (Gabon), Sépia, 1995

vases et des marmites, toujours richement décorés de motifs divers incisés sur la paroi externe à l'aide d'un objet pointu, utilisation de galets par les hommes pour la pêche, pratique régulière de la cueillette par la consommation des espèces de toutes sortes comme *andok*, *mwib* (*Irvinga gabonensis*), *abam*, *bambous (Gambeya lacourtiana*), *coula* (*Coula eduli*), *mlimboundou*, etc.

Un ou plusieurs campements ? La deuxième option paraît la plus plausible, au regard de la diversité des hommes qui y vivaient, même s'ils étaient du même groupe communautaire. Une série de campements étaient donc vraisemblablement dispersés autour du site de l'actuelle Ndjolé, étant entendu que les espaces choisis par les campeurs étaient modulables, mouvants, mais que le choix d'un espace pour l'érection d'un campement était toujours fonction de la co-existence d'un certain nombre d'éléments nodaux, invariables, qu'ils étaient liés à la conjonction de réelles commodités qui rendaient la vie agréable : proximité de l'eau, pour la pêche, l'hygiène et l'alimentation, abondance du gibier, pour une alimentation variée et conséquente, existence de la forêt pour un exercice parfait de la cueillette, etc. ; des acquis dont disposait ce site de Ndjolé ! En attendant des études pointues menées par des Archéologues, des Anthropologues, des Historiens… qui viendraient confirmer ce que nous pouvons considérer déjà comme une réalité, disons donc que l'actuel site de Ndjolé fut constellé de campements à ses origines. Les *Akèlè*, et sûrement leurs suivants s'y installèrent, s'y livrèrent à leurs activités et commencèrent à donner à cet espace une autre dimension. Mais cette configuration fut amenée à changer !

Un conglomérat de villages

Car les campements ne pouvaient demeurer, *ad infinitum*, le seul type d'habitat, au vu de l'affluence que connut le site et de la présence parmi ces nouveau-venus, d'autres hommes, eux aussi énergiques, dynamiques, et désireux d'impulser un développement à l'espace qu'ils occupaient dorénavant. En effet, outre les *Akélé*, Ndjolé et ses environs virent affluer d'autres groupes communautaires : les *Apindji*, les *Povè*, les *Fangs*, etc. Voici sous quels traits Paul Belloni du Chaillu dépeint les *Apindji* :

> *Les Apingis sont pour des Africains, un peuple très industrieux. Les hommes ont ici de véritables occupations ; ce qui se voit très rarement dans l'Afrique occidentale. Ils utilisent les parties filamenteuses de la feuille d'un certain palmier qui croît en abondance dans le pays, pour fabriquer une belle étoffe qui est renommée chez toutes les tribus... Tous les hommes sont tisserands chez les Apingis. Leur métier, assez compliqué, ressemble beaucoup à celui dont se servent les Ashiras, qui, sans aucun doute, l'ont emprunté à leurs industrieux voisins.... Les Apingis ont... la réputation de fabriquer la toile la plus moelleuse qui se trouve dans toute cette contrée...* [76]

Quant aux *Fangs*, n'arrivèrent-ils pas vers le XIXe siècle [77] ? Paul Belloni du Chaillu qui fit leur connaissance au moment où leur mouvement migratoire les conduisait vers la côte, les décrit sous ces traits :

> *Les fans ont le teint moins noir que les Bakalais, les Shekianis et les autres tribus environnantes. Ils ont le type nègre et la chevelure laineuse. Ils se tatouent plus qu'aucun autre des peuples que j'ai vus au nord de l'Equateur, mais pas encore autant que certaines tribus du sud... Leurs joues aussi sont sillonnées de toute sorte de dessins qui, joints aux énormes anneaux de cuivre et de fer dont le poids fatigue leurs oreilles, leur donnent l'apparence la plus hideuse.* [78]

Autres caractéristiques que le célèbre explorateur décrit chez ce peuple : leur activité guerrière et leur propension à migrer avec autant de rapidité qu'ils donnent le sentiment de tout émietter sur leur passage et de ne pas avoir en face d'eux le moindre élément de résistance. Comme qui dirait « Attila » ! Suivons-le encore à travers cette présentation :

---

[76] *Op. cit.*, pp. 503-504

[77] Une date qui ne fit pas l'unanimité, « A. Fourneau » parlant de « la seconde moitié du XVIIIe s., » et « Trezenem » évoquant leur arrivée, dans le Moyen-Ogooué, au « début du XIXe s. et dans l'Estuaire vers 1850 ». Cf. P. Mba Abessole, *op. cit.*, p. 18

[78] *Op. cit.*, p. 167

Les Fans... ont tout à coup fait irruption à l'ouest, et je ne crois pas qu'il y ait jamais eu une invasion d'Africains occidentaux qui se soit si vite répandue sur le bord de la mer. Il y a quinze ou vingt ans, les tribus de la côte n'avaient entendu parler des fans que comme d'une tribu à peine connue, ayant quelques hameaux perdus dans les montagnes, près de la source du Gabon. Aujourd'hui, les fans, descendus de leurs hauteurs, se sont établis partout sur les rives de ce fleuve... Ce peuple belliqueux a tout balayé devant lui. Les Bakalais et les Shekianis n'étaient pas malheureusement de force à soutenir leur assaut. [79]

[79] *Op. cit.*, pp. 349-350

Ndiayai, un roi *fang*[80]

(Musée National des Arts et Traditions, Libreville)

[80] On remarque le caractère féroce et rageur de ce chef, dénommé Ndiayai : un homme massif, corpulent, qui porte ses armes, comme pour présenter ses « outils de destruction massive » : lances, dans sa main droite, bouclier accroché à son bras gauche, et glaive autour des reins. Tout cela est associé à un physique de terreur : regard froid, qui exhale la crainte et l'effroi, et qui est la manifestation du vrai guerrier !

L'on comprend ainsi que, très vite, les *Fangs* se soient imposés aux *Akèlè* et se soient mis aux avant-postes, au point de les déloger sans peine de Samkita, où ils s'étaient installés, contraignant ceux-ci à se déplacer vers la rive gauche du fleuve Ogooué. Suivons, à cet égard, Joseph Ambouroue-Avaro, qui fournit ces indications :

> *Délogés de Samkita par les Fang, leur centre le plus important est maintenant la rive gauche, depuis le confluent Ogowè-Ngunyi jusqu'à Ndjolé. Ils suivent un itinéraire curieux : certains remontent l'ogowè, d'autres le Ngunyi, d'autres enfin se dirigent vers l'aval. De nomades cueilleurs et chasseurs, vêtus de fibres de palmes les Kèlè se fixent bientôt sur les rives de l'Ogowè.* [81]

Le Révérend Père Delorme ne parla-t-il pas d'ailleurs à leur égard de « terribles Pahouins »[82] ? Monsieur le Pr. Jean-François Owaye trouve, lui, une explication à cette tendance particulière chez ces hommes à faire souvent place nette : ils avaient toujours été les praticiens de la *razzia oban* ! Dans son *opus*,[83] il indique, à cet égard, ce qui suit :

> *L'Oban est un groupe militaire étroit qui rassemble les meilleurs soldats à qui l'on confie la responsabilité de la défense de la communauté...L'unité d'élite, les Mvone Oban. Ce sont d'habiles pisteurs et espions dont le rôle était de pourchasser les fuyards, qui, sous l'effet de la torture, livraient les secrets militaires... ; les guerriers chargés de l'attaque... ; l'unité de musique de guerre dont la fonction est d'accompagner la marche des guerriers, sonner le tocsin ; les gardes qui s'occupaient des captifs ; les forces complétives : un sorcier guérisseur...prêtre-initiateur dont les pouvoirs aidaient les guerriers à être invincibles...* [84]

C'est ainsi que, chassés par les Bassa et les hommes d'Ousman Dan Fodio dans la région du plateau du Fumbina au Cameroun, ils auraient réussi le tour de force de parvenir sur le

---

[81] *Op. cit.*, p. 243

[82] Il intitula ainsi son article sur ce groupe communautaire dans le *Bulletin Général de la Congrégation du Saint-Esprit*, avril 1879-décembre 1882, t. 12

[83] *La razzia Oban et le « bellicisme fang » au XIXe siècle. Essai de déconstruction d'un stéréotype colonial*, Libreville, Presses Universitaires du Gabon, 2012

[84] pp. 23-24

territoire gabonais[85] après être passés par la forêt équatoriale autour du XVIIIe siècle. Ils auraient été subdivisés en clans. Alors que certains se seraient dirigés vers les plateaux du Woleu-Ntem et du Haut-Ntem, d'autres auraient conflué vers l'Estuaire, le Moyen-Ogooué et l'Ogooué-Ivindo. Ceux qui avaient choisi le Bas-Ogooué glissèrent jusque vers Ndjolé où ils s'installèrent. Il devait s'agir des clans *Esindzik*, *Esidjü*, *Esandzole*, *Esibang*, *Esobame*, *Esameyagha* et *Esamekep.* Ce site fut choisi car il présentait l'avantage d'être la destination finale du sel, un des produits qu'ils affectionnaient, et qui arrivait par la côte. Ils s'enhardirent alors à fonder leurs villages dans les environs de Ndjolé, et à y prendre leurs quartiers. Dans ce processus d'installation, ils avaient trouvé les *Akélé,* qu'ils auraient appelé *Oungom*, auxquels ils se seraient mêlés dans un premier temps, avant de se mettre à leur école, et de se heurter à eux, de les affronter, de leur arracher leurs terres, et de finir par en être les bénéficiaires exclusifs. De toute façon, il ne pouvait en être autrement. Car ces groupes communautaires avaient chacun sa particularité. Non seulement ils ne s'exprimaient pas dans la même langue, mais aussi ils avaient des traits culturels différents. Ils ne pouvaient donc aisément fusionner et faire cause commune ! Ils ne pouvaient constituer le même groupement sans heurt ! Ainsi, plutôt que de se mélanger en vue d'un *melting-pot*, les uns et les autres choisirent leurs propres sites sur lesquels ils mirent leurs propres installations, en l'occurrence des villages, structures communautaires plus larges que les campements, et appelées à durer et à englober des lignages entiers. Le village, en effet, n'était-ce pas un palier supplémentaire dans l'évolution territoriale du site ? C'était un espace appelé à regrouper des hommes et des femmes qui pouvaient vivre, mener une activité en vue de la pérennité de ce groupement. Ce pouvait être un univers de dimension modeste, fait pour rassembler des dizaines d'âmes, ou encore un

[85] Actuellement, on les trouve dans cinq provinces : l'Estuaire (capitale Libreville), le Woleu-Ntem (capitale Oyem), le Moyen-Ogooué (capitale Lambaréné), l'Ogooué-Ivindo (capitale Makokou) et l'Ogooué-Maritime (capitale Port-Gentil). Pour mémoire, il faut retenir que ce groupe communautaire est aussi présent en « Afrique centrale, et tout spécialement au Congo (…) dans la région de Zwanki, la partie touchant le Nord-est du Gabon (…), au Cameroun » où on les assimile « aux Ewondo » et « en Guinée Equatoriale » dans « la partie continentale » in P. Mba Abessole, *op. cit*., p. 15

espace plus large, destiné à réunir des centaines de personnes, toutes vouées aux activités rurales. Vu sous cet angle, le village ne pouvait avoir une commune mesure avec une ville, par exemple, espace plus grand, parfois tentaculaire, appelé à renfermer plus de personnes. Ceux qui y habitaient étaient considérés comme des « villageois » ou des « broussards », autrement dit des populations de la « brousse », avec ce que cela induisait au plan des activités, des mentalités, des conditions de vie, du mode de vie et du déroulement du quotidien.

Mais deux autres éléments étaient importants pour marquer l'appartenance à un village : la nécessaire construction d'une maison, par chacun des habitants de cet espace, et le partage d'une viande de gibier par tout chasseur, après une partie de chasse fructueuse. Cette dernière indication est soulignée par le pasteur Ogoula Mbeye ; il l'applique aux *Galwa* mais sans exclure le fait qu'elle était valable pour tous ! Suivons son témoignage :

> *Le chasseur qui revenait de la brousse savait faire bénéficier tout le monde du fruit de sa chasse. Il donnait de la viande à tout le village. Mais il était entendu, qu'on ne donnait ainsi qu'à ceux qui possédaient une case dans le village. On pouvait être marié, mais tant que l'on n'avait pas construit, aucune part de viande ne vous était réservée. Les femmes dont les maris étaient absents pour le commerce des esclaves ou autres, pouvaient avoir une part dans la répartition de la viande, si toutefois le mari avait construit une case.* [86]

Comme pour dire : le village, c'était la communauté, mais c'était aussi la convivialité ! Le Révérend Père Trilles, indique d'ailleurs les raisons de l'établissement d'un nouveau village :

> *Les circonstances qui peuvent déterminer l'établissement d'un nouveau village sont multiples. La terre épuisée, les chasses ou pêches devenues peu fructueuses, les huttes qui tombent en ruines, une maladie qui*

[86] Ogoula Mbeye, *Galwa ou Edongo d'antan*, Fontenay-le-Compte, Imprimerie Loriou, 1978, p. 95

décime les enfants, la mort du chef, une guerre malheureuse, parfois même le simple désir de pousser en avant, telles sont les principales raisons. [87]

Ces données concernent spécialement les *Fangs*, mais là aussi, il faut le souligner : elles s'appliquent également aux autres communautés ! Tout comme le sont celles-ci que rapporte Georges le Testu !

… La durée des villages au Gabon est très éphémère. Celui que j'ai vu rester, le plus longtemps à la même place y est demeuré 10 ans. Pour un oui, pour un non, pour un rêve de femmes, pour une mortalité trop grande, en raison de la mort du chef, sous d'innombrables prétextes quelque fois enfantins le village s'en va. [88]

Le village, voilà, en définitive, le type d'habitat qui précéda Ndjolé en tant que ville, en tant que centre urbain. Mais, question : où les populations installèrent-elles ce type d'habitat ? Une réponse peut être esquissée : comme pour les campements, ce ne le fut pas en un seul endroit. Ils ne le pouvaient ! Ils étaient pluri ethniques et donc de dimension multiculturelle. Inévitablement, comme pour n'importe quel village, ce fut sur des sites appropriés, comme l'affirme ici monsieur le Pr. Bonaventure-Maurice Mengho :

Les populations sont guidées par plusieurs considérations dans le choix du site. D'abord il faut trouver de bonnes terres agricoles, riches en matières organiques. Ensuite les populations doivent satisfaire leurs besoins en eau potable, mais tout en s'éloignant autant que possible des zones très humides, foyers de moustiques et de trypanosomiase. [89]

Et pour cause : ils se devaient, à l'instar des campements, réunir un certain nombre de conditions préalables. Abraham Zéphyrin Nyama qui réfléchit depuis plusieurs années sur la question des villages au sud du Gabon depuis l'époque précoloniale, les répartit en deux groupes principaux : les conditions économiques et les relations

[87] R. P. H. Trilles, *Le totémisme chez les fan,* Munster I.W. Aschendorf schverlags, 1912, p. 556
[88] « Notes sur les cultures indigènes dans l'intérieur du Gabon » in *Rev. De Bot. Appl. Et d'Agr. Trop.*, 1940, p. 556
[89] « L'habitat rural au Congo : reflet du milieu naturel, expression culturelle » in *Cahiers d'Outre-Mer*, N°129, janv.-mars 1980, p. 67

humaines. Développant le premier aspect, il estime que « les populations qui avaient pour activités principales la cueillette, l'agriculture, la chasse et la pêche se déplaçaient pour des questions d'ordre alimentaire. L'épuisement des ressources était à l'origine des départs tandis que leur abondance participait au choix d'un site »[90]. S'agissant du second aspect, il fournit ces indications :

> *Ce sont les rapports entre les hommes qui donnaient vie au site ou participaient à la dislocation de l'unité villageoise. En effet (...) le village était avant tout habité par des membres d'une famille élargie, c'est-à-dire des hommes et des femmes qui avaient une même appartenance clanique ou lignagière. En dehors de la famille élargie, on pouvait trouver des étrangers, particulièrement les frères et sœurs arrivés avec les épouses des propriétaires du village, ainsi que des personnes dont les forts liens d'amitié occasionnaient une longue hospitalité de la part des autochtones. ...* [91]

Des conditions préalables, donc, auxquelles tous ceux qui voulaient fonder un village étaient soumis. Après quoi, un rite, appelé le rite de la fondation, avait lieu. Il consistait à faire appel aux génies, propriétaires des lieux, pour solliciter leur entregent, mais aussi leur protection et leur assistance, contre les ennemis de tous bords, dans l'œuvre qui allait s'accomplir, afin de la rendre prospère et durable. C'est seulement lorsque ces conditions étaient remplies, que la construction d'un village pouvait démarrer. Cette entreprise obéissait au *modus operandi* ci-après : première étape : la construction d'un hangar, le *nga bula* chez les *Nzèbi*, qui devait servir de lieu de rencontre entre tous les hommes et faire office d'espace de convivialité, de lieu de concorde, que marquait la présence, à peu de distance de cet endroit, d'un arbuste spécial, le *kota*. Georges Dupré en donne d'ailleurs des détails saisissants :

> *La construction commençait d'abord par le hangar ou nga bula, celui où il se réunirait avec les grands, les mukutu ou ivonda des différents itsuku. Tous ensemble posaient le premier poteau de ce hangar dont*

---

[90] « L'échec de la politique de regroupement de 1962 dans le sud du Gabon à travers les conditions de création des anciens villages » in *Les Cahiers d'Histoire et Archéologie* de l'Université Omar Bongo, N°10, juin 2008, p. 87

[91] *Id.*, p. 89

l'achèvement donnait lieu à la première fête du nouveau village. À l'issue d'un repas collectif où figuraient en abondance viande et poisson, le hangar, première construction du village, première aussi des décisions qui y seraient prises par la suite, était consacré. Là étaient installés les bilongo, les pouvoirs qui allaient assurer à tout le village protection et paix... [92]

Deuxième et ultime étape : la construction proprement dite du village. Dès lors, celui-ci prenait forme, avec la configuration suivante : deux rangées de maisons étaient érigées de part et d'autre d'une cour, encore appelée « rue », quotidiennement entretenue, mais sur laquelle devaient circuler animaux domestiques, moutons, chèvres, porcs..., qui pouvaient déposer leurs excréments. C'est sur cet espace qu'étaient étalés les filets à la fin de chaque partie de chasse, mais aussi qu'étaient séchés les arachides et les concombres.

À la lecture de ces lignes, l'on pourrait arguer que cette structuration villageoise s'appliquait seulement au sud du pays mais ne pouvait l'être pour les autres, entre autres le centre-ouest, qui concerne notre étude, et qui s'appliquait aux *Fangs*, aux *Akèlè* et aux autres. Mais le prétendre serait ignorer qu'au-delà de tout ce qu'on a longtemps prétendu sur la non bantuité des *Fangs* mais plutôt sur leur origine nilotique, idée que mit en œuvre le Père Trilles en se basant sur la tradition orale et plus spécialement le Mvet[93] et que reprirent, parfois avec délectation, beaucoup d'autres[94], il est désormais acquis, jusqu'à plus ample informé, que tous les peuples habitant le Gabon ont eu la même souche originelle ; ils sont donc tous *bantu* ! Monsieur le Pr. Pierre Ondo Mébiame l'affirme d'ailleurs sans détour :

---

[92]*Un ordre et sa destruction*, Paris, ORSTOM, Paris, 1982, p. 300

[93]*Chez les Fang ou quinze années de séjour au Congo-Français*, Paris, Société-Augustin-Desclée de Brouwer, 1912

[94] Parmi ceux-ci, nous citerons Dieu-Donné Meyo-Me-Nkoghe, qui est sans ambages sur le sujet, comme nous le révèlent ses propos : « L'agriculture remontant au néolithique, il est aisé de comprendre que la chasse au filet est pratiquée depuis des milliers d'années. Il semble qu'elle soit liée au nomadisme des peuples, à l'instar des Fang, qui, dans les marais autour du Nil, avant et après la sédentarisation, la pratiquent dans leur regroupement ». Cf. « Chasse au filet et sociabilité chez les fang du Gabon des origines à nos jours », in *Les Cahiers d'Histoire et Archéologie*, N°5, juin 2003-juin 2004, p. 93. L'un des plus récents à soutenir cette thèse est P. Mba Abessole, *op. cit.*

Il ne fait plus l'ombre d'un doute aujourd'hui que la langue que parlent les Fang et les populations composant l'unité linguistique de composition, est bel et bien une langue bantu... Il est (...) courant d'entendre que les Fang ne sont pas bantu, ni du point de vue linguistique ni du point de vue physique, ni du point de vue culturel. Or il est difficile de récuser les arguments linguistiques qui montrent formellement que l'idiome que parlent ces populations est bel et bien bantu... [95]

De ce fait, tous les villages avaient globalement la même structuration. La preuve formelle nous est fournie par ce descriptif que nous offre Jean-Emile Mbot au sujet du circuit de fondation d'un village du Nord du Gabon, et par glissement *fang* :

Le processus d'aménagement traditionnel d'un village commence par le choix du site, conditionné lui-même par la position du soleil, les points d'eau, la morphologie et le degré de fertilité des terres environnantes, et aussi l'orientation des vents... La première construction admise sur le site est le « corps de garde » -entendons par là la case commune centrale-qui impose l'orientation de l'implantation des autres constructions. Par la suite, les parcelles à lotir sont attribuées à chaque chef de famille selon un rectangle ou un carré général d'occupation des cases qui se font face sur deux rangées, et au milieu desquelles d'autres corps de garde s'érigent selon l'importance du village et des segments lignagers (...) les cases des femmes s'érigent derrière celle des hommes. Et derrière les cases des femmes, l'on trouve les annexes des animaux adaptés au climat chaud humide...[96]

Certes, l'anthropologue gabonais note des nuances entre cette structuration, typique au nord, et celle du sud, nuances portant surtout sur ce qu'il appelle les *stratégies d'occupation de l'espace*[97] mais, au

---

[95]*Du statut de la « langue fang et de son ancrage au domaine bantu*, doc. inédit, p. 11

[96]« Les formes traditionnelles de gestion des écosystèmes » in *Cahiers gabonais d'Anthropologie*, Libreville, Université Omar Bongo, N°1, 1-1997, p. 11

[97] Il en énonce plus exactement deux : « tantôt les villages évoluent en arc de cercle, disposant les cases autour de la place du village. Au même moment, on pouvait également noter un dispositif linéaire des cases le long d'une place centrale, et de part et d'autre de cette place. Ce dispositif était fermé à chaque bout par un ou plusieurs corps de garde… » *Id., ibid.*

final, une convergence existe chez les uns et les autres, comme permettent de le voir ces détails :

... Les structures du village (...) étaient disposées pour fournir un espace habité en tenant compte des fonctions de chaque construction qui pouvait être : une case commune appelée corps de garde ; une case individuelle masculine comme lieu de repos ; un abri familial derrière la case de l'homme pour la cuisson des aliments ; une case commune de réclusion féminine en cas de menstrues ; une case réservée au culte et pouvant servir en même temps de « case de palabre » ; une case de réclusion masculine pour les jeunes circoncis ; une cour masculine ouverte aux enfants ; une cour féminine ; des annexes pour les animaux et pour le séchage des végétaux [98] .

Et comme s'il voulait apporter des indications supplémentaires, il ajoute :

(...) *La cour du village est le lieu non seulement de la célébration des fêtes communes au village, mais aussi le lieu principal d'intégration sociale des enfants. La cour du village est ainsi l'école du village. C'est là que l'on apprend les noms des astres et leurs emplacements dans le ciel, et aussi leur rapport aux saisons, aux semailles et aux récoltes. C'est là de même que sont appris jeux verbaux, contes, légendes, devinettes, et en réalité toutes littératures qui instruisent la personne dans ses rapports avec l'homme, la femme, l'enfant, et aussi avec la société et l'environnement...*[99]

Il en fut ainsi de tous les villages gabonais, y compris ceux que monsieur le Pr. Nicolas Meteghe N'nah, qui a réalisé une étude sur la société précoloniale gabonaise[100], appelle les « villages-Etats », autrement dit de grandes circonscriptions indépendantes qui s'étendaient sur des kilomètres et étaient dirigées par un patriarche, l'aîné du clan, le plus ancien et le plus sage, et ceux qui avaient, comme chez les *Mpongwè*, peuple côtier, et les *Gisir*, peuple du sud, un caractère confédéral et donc dont la particularité était de se trouver sous l'autorité de

---

[98] *Id.*, pp. 11-12
[99] *Id.*, p. 12
[100] étude qu'il intitula *Economies et sociétés au Gabon dans la première moitié du XIXe s.*, Paris, L'Harmattan, 1979

... territoriaux (mata) qui régnaient chacun sur l'un des quatre groupes de clans qui se partageaient le territoire occupé par cette ethnie[101].

Qu'en était-il de ces villages qui se formèrent dans les environs du site de Ndjolé ? Suivons en cela Louis Békalé, dans cet échange qu'il eut avec nous : outre « Samkita », il y eut « Engoungoum, Mevang, Metouang, Minkok Messang, Megnour, Otouma, Akora, Ebel Alembe, villages fangs auxquels peuvent être associés d'autres : Ndjengue ville (village apindji) Kô Edzue (village akèlè*)* »[102].

De ce constat, un fait reste alors acquis : après avoir vu fleurir des campements, Ndjolé vit des villages se constituer. Ils se constellèrent dans les environs du futur poste militaire et administratif. Ce médecin qui avait servi à Ndjolé dans les années 1960, et qui, revenu vingt ans plus tard, se livra à un témoignage sur cette ville dans laquelle il avait servi en sa qualité de « médecin de brousse », nous le suggère d'ailleurs par ces propos:

Les rives de l'Ogooué étaient extrêmement habitées. On pouvait s'arrêter dans un village tous les dix kilomètres, en plus des campements de pêcheurs. [103]

Mais cette configuration ne pouvait rester en l'état indéfiniment ; Ndjolé fut appelée, très vite, à se muer ! Elle allait devenir un poste militaire et administratif, c'est-à-dire une ville.

---

[101] *Op. cit.*, pp. 18-19

[102] Entretien du 14 août 2012

[103] Dans « Médecin de brousse dans le Moyen-Ogooué. Propos et témoignages recueillis par Hugues de Changy » in *Mémorial*, p. 67

Planche 1 :

Pièces archéologiques attestant de l'ancienneté de la vie à Ndjolé[104]

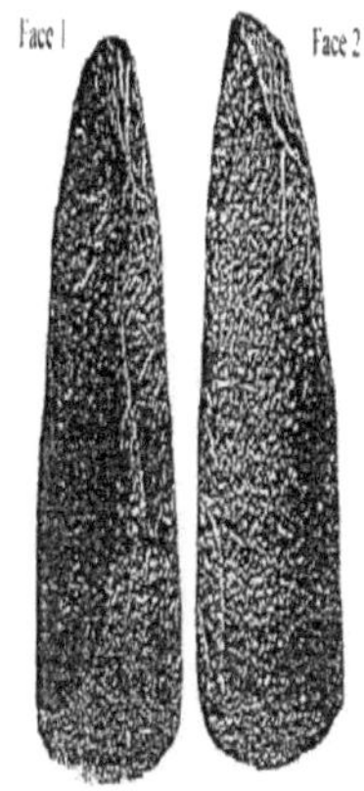

[104] Il s'agit, là, de pièces datant de l'époque préhistorique qui furent découvertes à la suite d'excavations réalisées dans Ndjolé et ses environs par d'apprentis archéologues. Ces pièces attestent, non seulement du génie des Ndjoléens qui les réalisèrent, car ils en mesurèrent l'utilité avant de les concevoir, mais également de la profondeur du temps dans lequel ils évoluèrent.

Planche 2 :

Un village gabonais[105]

(Musée National des Arts et Traditions, Libreville)

[105] On remarquera l'environnement qui l'entoure : environnement forestier. De gros arbres lui font de l'ombre, et font office d'abri. Ici, la structuration des villages n'est pas mise en évidence, mais il n'empêche que ce village est bâti sur le modèle des autres !

Photos 11 et 12 :

Deux configurations de villages, tels qu'ils apparurent à Pierre Savorgnan de Brazza, lors de ses missions en Afrique Equatoriale[106].

(Mémorial Pierre Savorgnan de Brazza, Brazzaville)

[106] On les voit : ils sont distants les uns des autres ; ils sont aussi implantés dans des endroits qui préservent leur isolément. On remarquera aussi leur caractère sommaire.

Un poste militaire et administratif

En effet, le site qui allait s'appeler Ndjolé, ne pouvait s'enfermer aux seuls *bantu*, autrement dit aux populations noires exclusivement. Il ne s'était pas limité aux Pygmées ou Négrilles, il ne pouvait *ad infinitum* garder la même texture. Il lui fallait gagner en densité ! Il ne pouvait d'ailleurs en être autrement car il avait acquis une réelle importance sur l'échiquier économique et politique national et international ; outre les *bantu*, il avait vu passer des populations d'origine blanche, européenne essentiellement, qui s'étaient engagées dans les entrailles du Gabon, pour en connaître les caractéristiques, et qui, après avoir découvert la côte, avaient décidé d'aller plus loin, pour découvrir l'*hinterland*, et déterminer la configuration globale du pays. Il avait vu aussi affluer des hommes qui étaient obnubilés par l'intention de faire du commerce et donc de s'enrichir. Les uns et les autres s'étaient enfoncés dans le *deep Gabon*, le « Gabon profond », et étaient entrés en contact avec des catégories de populations, qui faisaient office de courtiers. Désireux, plus que tout, de faire fortune et de s'offrir une marge bénéficiaire consistante, ils prenaient contact avec les fournisseurs et s'offraient ainsi, à la *source*, les produits qu'ils recherchaient : l'ivoire, le caoutchouc et les peaux d'animaux. La France avait, depuis le XVe siècle mis pied sur la côte ; elle avait démarré son *œuvre civilisatrice*, mais celle-ci restait inachevée, inaboutie, car des zébrures demeuraient entières ; elle avait donc hâte de dominer le pays tout entier. Il lui fallait pour ce faire, des points d'appui, des zones de contrôle. Elle les avait identifiés. Il lui restait cependant à leur donner, par le canal de ses agents locaux, une dimension à la hauteur de ses ambitions, pour imprimer sa marque, pour s'implanter durablement.

Ndjolé était l'un de ces points d'appui, l'une de ces zones d'ancrage, mais elle n'était pas encore structurée. Elle était, certes, depuis belle lurette, une société bigarrée, où les Noirs, les indigènes, faisaient face aux autres, les Blancs. Mais elle n'était pas encore structurée ! Puis vint l'année 1883-Joseph Ambouroue-Avaro parle de

1886-[107] ; ce fut l'année décisive, en ce qu'elle devait marquer le changement de son destin. Ndjolé devint une station, un poste militaire et administratif. Mais, osons cette question : comment comprendre cette évolution ? Et comment ce changement de statut se concrétisa-t-il ?

Planche 3 :

Une vue de Ndjolé, en 1888, cinq (5) années après le passage de Pierre Savorgnan de Brazza[108]

Source : X. Cadet, *Histoire des Fang. Peuple gabonais*, thèse de Doctorat d'Histoire, sous la direction du Professeur Jean Martin, Lille III, juin 2005, http://documents.univlille3.fr/files/pub/www/recherche/theses/CADET_XAVIER/html/these.html

[107] *Op. cit.*, p. 242

[108] Cette image date de l'époque d'Albert Veistroffer. C'est un milieu accidentel, comme on le voit. L'espace retenu est une pente. On remarquera le type de maisons ; elles sont toutes recouvertes, non de tôles ondulées, mais de pailles, matériau local, et qui avait l'avantage d'être adapté au climat équatorial, chaud et humide. La paille, n'a-t-elle pas un effet rafraîchissant dans l'espace qu'elle couvre ? Les murs ne sont pas en briques, mais plutôt en planches, qui ont été peintes, pour leur donner un caractère plus avenant.

Planche 4 :

Une autre bâtisse de cette époque « post brazzéenne »[109]

Source : *Id., ibid.*

[109] Mais il n'en est pas de même pour cette bâtisse ci-dessus ! En effet, à l'inverse de ces maisons insérées à la page précédente, celle-ci a changé d'architecture. Elle n'est pas configurée de la même manière ! On remarquera le type de bâtisse, sûrement un bâtiment administratif : elle est érigée en dure ; les briques sont sans conteste en terre cuite et les rangées basses de la bâtisse sont en pierre, pour donner une certaine solidité à l'édifice. Le tout repose sur un sous-bassement surélevé, qui permet à la bâtisse d'être en hauteur. La toiture est aussi haute pour permettre la circulation d'air à l'intérieur de la maison. Il y a une terrasse spacieuse pour donner la possibilité aux fonctionnaires qui s'y trouvent de se mouvoir aisément. L'espace sur lequel est érigée la bâtisse est entouré de fils de fer barbelés, pour sécuriser les lieux !

Photo 13 :
Rien à voir donc avec ce poste !

(Mémorial Pierre Savorgnan de Brazza, Brazzaville)

Le contexte de la fondation

Mais avant de parler de la fondation de ce poste, il convient d'en préciser le contexte. Autrement dit, quel environnement national et international présida à cette mutation ? Première esquisse de réponse : cette mutation que connut ce site est à lier à un certain nombre de raisons qui en avaient fait un site stratégique dans l'environnement géopolitique de cette époque coloniale. Deuxième élement de réponse : ce site était situé au centre-ouest du territoire gabonais ; il était presque à cheval sur l'Equateur, et avait accueilli pendant des siècles une population plurielle, composite, qui constituait un creuset communautaire et donc qui permettait de disposer d'une main-d'œuvre relativement abondante pour le fonctionnement d'activités éventuelles à mener.

Troisième élément de réponse : cette situation géographique avantageuse en faisait aussi l'un des hauts lieux de rencontre, un nœud de communications vers quatre parties du territoire, ce qui lui donnait vocation à jouer le rôle de carrefour où devaient se rencontrer les produits, les marchandises, et surtout les hommes. N'y avait-il pas convergé, à l'issue de migrations, des populations diverses, les unes aussi remuantes et aussi actives que les autres, les *Akélé*, premiers habitants de lieux, mais aussi les *kota*, les *Apindji*, les *Ossyéba*, les *Voubi*, les *Fangs* et les *Adouma* ; au total, cinq groupes communautaires aux pratiques, aux mœurs et aux particularités singulières qui, faute de cohabiter pour vivre à l'unisson, avaient pu, *nolens volens*, se tailler un espace qui leur était propre et constituer un environnement relativement stable ? Quatrième élément de réponse : à cet endroit et dans ses environs, avaient pu être implantées des sociétés concessionnaires, des maisons de négoce, appartenant à des Français, des Anglais et des Allemands, comme John Holt, Woermann, la Société du Haut-Ogooué (SHO), Hatton & Cookson, entre autres, qui avaient créé un climat d'affaires, en avaient fait une sorte de « carrefour des affaires », un centre actif, en permettant une circulation de marchandises accrue et de monnaie, qui employaient des populations du cru, et qui avaient contribué à améliorer leur cadre de vie, grâce aux salaires qu'elles versaient et aux conditions de vie qu'elles tendaient à améliorer. Toux ceux qui, en effet, faisaient partie du personnel employé, n'étaient-ils pas des privilégiés ? Ils l'étaient davantage lorsqu'ils faisaient partie de leur personnel de prédilection. Ils l'étaient encore plus quand ils commerçaient avec eux. Très vite, il se constitua donc, dans cet environnement, une sorte de bourgeoisie locale, compradore, qui tenait les leviers de l'économie marchande. Mais tout le monde n'était pas logé à la même enseigne ! Si les unes de ces populations étaient avantagées, il en est, inévitablement, qui étaient exploitées, ou tout au moins, ne trouvaient pas leur compte dans ce type d'économie qui s'était mise en place. L'impôt de capitation, qui fut institué peu après, participa d'ailleurs à l'approfondissement de ce fossé qui existait au plan social. Résultat : ce site était une poudrière en devenir, qu'il fallait surveiller.

Mais il n'était pas que cela ! Placé au cœur d'un intense circuit de production, qui induisait une rapide circulation monétaire, il avait vite créé des habitudes chez les populations, qui n'aspiraient qu'à posséder, accumuler, accéder à un avoir plus grand, pour mener grand train et pouvoir obéir aux conditionnalités d'une économie de traite ; la traite des esclaves prit alors de l'essor et mobilisa des circuits dont Ndjolé devint un passage obligé. N'était-ce pas un embarcadère et un débarcadère ? C'était un centre de transit, un lieu d'évacuation, par lequel embarquaient aussi des êtres humains, capturés à l'issue de la guerre inter clanique, le rapt, ou d'autres pratiques en cours, comme la vente d'un parent indélicat, avant qu'ils ne fussent acheminés vers des destinataires plus proches, les courtiers, qui les convoyaient jusque vers leurs destinataires finaux, sur la côte, au Gabon (Libreville) ou Mayumba. Certes, c'est surtout en pays *Orungu*, chez les *Nkomi*, les *Anyambiè*, les *Galwa* et les *Enenga*, mais également en pays *Okanda* et dans la Ngounié, par le biais des *Apindji*, des *Eshira* et des *Tsogo*, que ce commerce était florissant, particulièrement actif, mais sur le Bas-Ogooué dont Ndjolé était un embranchement, il existait. Contrôler Ndjolé s'avérait donc nécessaire non seulement pour avoir la haute main sur ce trafic d'humains, son intensité et sa régularité, mais aussi sur le trafic lui-même. Y était-on opposé ? On pouvait l'arrêter et ce d'autant plus que ce trafic odieux avait été déjà supprimé en Europe en 1848. Y était-on favorable, malgré tout ? On pouvait le pratiquer et donc en tirer le plus grand bénéfice. De la même manière, dans une zone où s'étaient installées les sociétés concessionnaires, et qui plus est avaient pignon sur rue, avoir le contrôle de cet espace, c'était assurément se placer à la source d'une richesse, et contrôler une base de revenus importante pour la métropole, la France.

Le *scramble for Africa*

Planche 5 :

Le comptoir du Gabon en 1856

(Musée National des Arts et Traditions, Libreville)

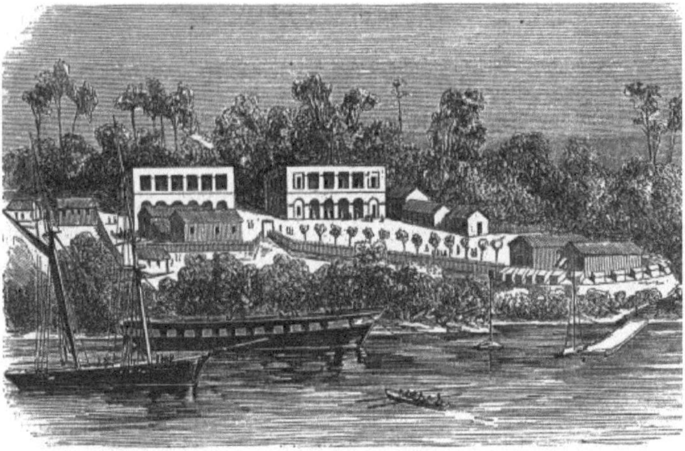

Depuis sa présence au Gabon, en effet, la France, ne s'était-elle pas activement engagée dans la course aux clochers qu'elle livrait avec les autres pays pour maîtriser l'Afrique, le *scramble for Africa* ? Si le Portugal, après avoir donné au pays son nom, *Gabao* (caban de marins) grâce au dynamisme de marins que conduisaient, en 1473-1474, Joao de Santarem et Pedro Escobar, dignes représentants d'un pays de marins situé à la jonction du monde méditerranéen et de l'univers atlantique, carrefour où se croisaient les hommes, les idées et les innovations grâce à l'éclipse des musulmans dès 1249, des Castillans à partir de 1385, de la masse de petits nobles et de roturiers démobilisés et désoeuvrés, mais aussi grâce à l'appui d'un bon réservoir d'hommes alléchés par le mirage de l'or des contrées lointaines prêts à se lancer dans l'inconnu pour s'enrichir et, enfin, grâce à la clairvoyance d'un homme politique suffisamment hardi, Don Enrique, troisième fils du roi Joao 1er plus connu sous le nom d'Henri le Navigateur, homme particulièrement avide de découvertes lointaines et qui, du cap Saint-Vincent, à l'extrémité sud-ouest du plateau calcaire de l'Algarve, où il s'était établi en 1418, entouré de savants de toutes sortes, avait lancé toute une série de découvertes vers les côtes africaines, avant d'ouvrir la voie et de la laisser béante aux Anglais, Français, Hollandais et Espagnols, avait fini par revoir ses prétentions à la baisse et à se retirer au profit de ses suivants ; si l'Allemagne bismarckienne, après la guerre franco-allemande de 1870, qui avait abouti à la défaite de la France, avait conduit un *rush* sur le Gabon, par le truchement de *la société allemande pour l'exploration de l'Afrique équatoriale –Deutsche Gesell-Schaft Zur Erforschung Aquatorial-Africas* et avait initié une expédition sur ce pays, l'expédition Lenz de l'Ogooué (1874-1876), qui lui avait permis d'atteindre le confluent de la rivière Sébé et malgré tout de maintenir une présence congrue, limitée ; si la Hollande et l'Espagne avaient fini par avoir une présence fantomatique, la France finit par s'imposer. N'avait-elle pas réussi à déclasser l'Angleterre ?

Elle se mit donc aux premières loges. D'ailleurs, comment pouvait-il en être autrement ? Depuis Guizot (1787-1874), qui avait exercé des fonctions ministérielles sous la Monarchie de Juillet, les bases de la politique coloniale de la France avaient été clairement définies, comme il le précise parfaitement dans ce discours qu'il prononça, en sa qualité de ministre des Affaires étrangères, à la chambre des députés, le 31 mars 1842 :

> *Il convient peu à la politique et au génie de la France de tenter, à de grandes distances de son territoire, de nouveaux et grands établissements coloniaux et de s'engager à leur sujet dans de longues luttes, soit avec les naturels du pays, soit avec d'autres puissances. Mais ce qui convient à la France, ce qui est indispensable, c'est de posséder sur des points du globe qui sont destinés à devenir de grands centres de commerce et de navigation, des stations maritimes sûres et fortes qui servent d'appui à notre commerce, où il puisse venir se ravitailler et chercher un refuge.*

Dans cette optique, le 9 février 1839, la France parvint à signer, avec Bouët Willaumez et le chef *mpongwè* Antchuwè Kowè Rapontchombo, alias *le roi Denis*, une convention qui lui attribuait, en toute propriété, deux lieues de terre sur la rive gauche de l'estuaire du

Como. Grâce à son intervention, le 18 mars 1842, elle amena Ré-Dowè ou *roi Louis* à placer, par un traité, tout son territoire sous sa souveraineté, suivi en cela par Kaka Rapono *alias* Quaben, le 27 août 1843 et par Ré-Ndama *alias roi Glass*, le 28 mars 1844. Quelques jours après ce dernier traité, elle parvint à établir sa souveraineté sur l'ensemble de l'estuaire du Como à la suite du traité général du 1er avril 1844. Les deux chefs *mpongwè*, Antchuwè Ré-Dembino *alias roi François* et Rassondji *alias roi Georges* qui s'abstinrent de le signer ce jour-là, le firent respectivement le 1er août et le 4 novembre 1846. Dans l'intervalle, le petit poste français aménagé sur la rive gauche de l'estuaire du Como fut transporté en 1843 sur la rive droite pour des raisons de salubrité, avant d'être installé sur la petite colline qui porte actuellement le nom de *Cathédrale Notre Dame de l'Assomption*, anciennement connue sous le nom de *Cathédrale Sainte Marie,* en prenant le nom de *Fort d'Aumale*. Toujours sous sa férule, fut fondé, six ans plus tard, à quelques centaines de mètres de là, à l'emplacement du quartier actuellement dénommé *Montagne Sainte*, le village de Libreville (nom donné par Bouët Willaumez) avec des esclaves libérés trois ans plus tôt du bateau négrier *Elizia* par le vapeur militaire *l'Australie* que commandait *le Gallic* de kerigouet. Mais ce ne fut pas tout.

Bien implantés à l'embouchure du Como, ne sont-ce pas toujours les Français qui s'employèrent par la suite à étendre leur domination sur les régions voisines et, au-delà, dans *l'hinterland*, par le biais des Lieutenants de vaisseau Darricau, Pigeard et Mequet, entre 1844 et 1850, qui remontèrent le Como et atteignirent Kango, non loin de l'Estuaire, avant de ne pouvoir aller plus loin ? Ce fut toujours la France qui fut présente, par le biais de Bouët-Willaumez qui s'engagea à son tour dans cette prospection de l'*hinterland*, soutenu en cela par le commandant de poste Baudin, avant de réaliser que le Como ne pourrait rien apporter de décisif à la France. C'est encore elle qui, la première, fut présente lorsqu'il fallut explorer le Rio Muni, de 1857 à 1859, par le biais des Lieutenants de vaisseau Braouzec et Genoyer, qui explorèrent ces lieux, avant qu'ils ne rendissent compte que cette exploration était de faible intérêt. C'est elle, enfin, qui fut aux avant-postes lorsqu'il s'agit d'explorer l'Ogooué, en 1862, fleuve que les populations *Orungu* appelaient *Etemboue* ou *Rembo-Mpolo*, et l'explorateur Bruce Walker *Ogo-Uwaï*, nom formé à partir de celui qu'avaient donné les piroguiers *Okandé*. D'ailleurs, ne sont-ce pas les officiers de la marine française ainsi que les médecins navalais, Darricau, Goin, Pigeard, le Baron Mecquet, Ploix, Baudin, Auguste Bouët..., qui furent les premiers à en fournir les données, avant d'être imités en cela par Paul Belloni du Chaillu qui, par ses écrits, donna des indications détaillées sur les espaces qu'il avait explorés : le Rio Dangra, le Fernan-Vaz, le lac Anengué, et même la Ngounié qu'il avait pu atteindre le premier ?

Certes, après ces premières expéditions, l'on trouva des ressortissants d'autres pays - les anglais Burton et Reade- surtout après 1860, mais ce furent surtout les Français qui furent en pointe. D'ailleurs, ne s'étaient-ils pas déjà opposés aux Anglais dans l'Estuaire et les environs, pour le contrôle de l'ensemble du territoire *mpongwè* ? Il fallut que le *Foreign office* se prononçât en faveur d'une occupation de ce territoire par la France pour que les Anglais, par l'intermédiaire de leurs agents, baissassent pavillon et fissent montre de réserve. « Faire main basse » sur un site comme Ndjolé, était donc un objectif de premier plan. De toutes façons, par son activité particulière, cette ville, ne fut-elle pas amenée à déclasser Lambaréné jusqu'en 1920 ? Voilà pourquoi l'administration coloniale, française en l'espèce, « donna de la voix » lorsqu'il fut question de s'en prendre à ceux des rois qui se montraient réfractaires[110] à la marche de l'ordre qu'elle avait initié, consistant à signer des traités, considérant cette arrivée coloniale sur leurs terres comme un viol de leur espace territorial[111]. Elle défendit, aussi bien des ressortissants français

[110] C'est qu'ils avaient bénéficié des armes à feu que des commerçants vendaient à ceux qui leur en avaient fait la demande. En 1875 le Commandant Clément s'en plaignit ouvertement, mais ne put y mettre un terme ! Ce commerce se poursuivit d'ailleurs jusqu'en 1882 : 1014 fusils saisis pour cette seule année, contre 66.000 et 79.858 kg de poudre et, l'année suivante, 18.475 fusils et 81.695 kg de poudre

[111] C'est ce que monsieur le Pr. Martin Alihanga appelle « le principe traditionnel du droit de propriété corporative en vertu duquel les peuples riverains se sont partagés le cours du fleuve en portions privées sur lesquelles s'étendent de véritables monopoles sécuritaires », in *Structure communautaire*

qu'anglais[112]. Le contrôle du Bas-Ogooué passait donc par Ndjolé. C'était un point névralgique. C'était un axe fondamental et ce d'autant plus qu'il était en quelque sorte la porte de l'Ogooué. Roland Pourtier explique d'ailleurs très bien le contexte de cette époque, qui prévalut au choix des postes à créer :

> *Avec un personnel civil et militaire si peu nombreux il importait que l'emplacement des postes soit judicieusement choisi. Le choix répondait à la nécessité de se rapprocher des secteurs peuplés, tout en cherchant les meilleures conditions d'accessibilité : les préoccupations logistiques étaient bien sûr déterminantes ; aussi la plupart des postes ont-ils été implantés sur les voies naturelles de pénétration, fleuves et rivières…* [113]

Mais ces faits n'étaient pas les seuls : en 1876, les *Orungu*, n'avaient-ils pas été amenés, pour exprimer leur colère contre l'administration coloniale qui s'opposait à la traite des esclaves et donc opérait une coupe sombre dans leur source de revenus, au point

---

traditionnelle et perspectives coopératives dans la société altogovéenne (Gabon), p. 58

[112] Lieutenant de vaisseau Serval et Griffon du Bellay, chirurgien de marine ; remontant en 1862 l'Ogooué à partir de la baie de Nazareth à bord du vaisseau *le Pionnier* avec pour objectif d'atteindre le confluent de la Ngounié, non seulement ils se heurtèrent à des obstacles inhérents à ce genre d'exercice, mais encore ils firent face à l'hostilité des *Orungu* qui les obligèrent à rebrousser chemin ; cas aussi, cinq ans après, autrement dit, en décembre 1867, d'Aymès, alors lieutenant de vaisseau : remontant l'Ogooué jusqu'au confluent de la Ngounié à bord de son navire, *le Pionnier*, il dut conclure un traité avec les chefs des *Enenga*, Rempole et Ranoque, parce qu'auparavant l'administration coloniale avait dépêché une expédition punitive contre eux au motif qu'ils avaient procédé à l'arrestation, auparavant, du négociant et explorateur Bruce Walker, qu'employait Hatton & Cookson ; dernier cas, enfin : en 1875, Pierre Savorgnan De Brazza qu'accompagnaient de Ballay, ainsi que son quartier maître Hamon et une trentaine de laptots, recrutés dans la côte d'or et au Sénégal, furent en butte à l'hostilité des peuples riverains de l'Ogooué, les populations Apfourou des bords de l'Alima cette fois ; ils n'eurent pas d'autre choix que de faire demi tour, atteignant Libreville, le 30 novembre 1878. Pour avoir plus d'amples détails sur ce climat d'effervescence sur l'Ogooué, cf. A. F. Ratanga Atoz, *Les peuples du Gabon occidental. Noirs et Blancs du XVe au XXe s., T. II*, Libreville, les éd. du CENAREST, 2009

[113] *Le Gabon. Tome 2 : Etat et développement*, Paris, L'Harmattan, 1989, p. 21

qu'ils furent amenés à arrêter deux missionnaires protestants et à confisquer leurs biens, le docteur Nasseau et le Révérend Roding qui se rendaient chez le Révérend Nasseau qui avait fondé une mission ? Devant tous ces faits, il importait donc d'agir, et au plus vite. Ce site fut ainsi choisi pour servir de poste militaire et administratif.

Les circonstances de la fondation

Photo 14 :

Pierre Savorgnan de Brazza, «*fondateur du Congo –Français*», mais aussi de … Ndjolé ![114]

(Prise de vue de l'auteur au Mémorial Pierre Savorgnan de Brazza, Brazzaville)

[114] On voit l'homme : longiligne, *homo longus*, et qui ne paie pas de mine, mais une détermination au service de la France ! On l'appellait aussi « l'homme aux pieds nus, le va-nu-pieds »

Ce fut l'œuvre de l'explorateur Pierre Savorgnan de Brazza, encore connu sous le nom de Pierre-Paul-François-Camille Savorgnan de Brazza, en italien Pietro Paolo Savorgnan di Brazza. Il était né à Rome le 25 janvier 1852, plus exactement à Castel Gandolfo, une commune d'Italie, dans la région du Latium. Son père était le compte Ascanio de Brazza-Cergneu-Savorgnan, un notable d'Udine, qui se trouvait par ailleurs être l'ami du Nonce apostolique du Pape à Paris. Il était d'origine slovène. Il avait douze enfants. Pierre Savorgnan de Brazza en était le septième. Il démarra ses études à Rome et les acheva en France. En 1868, il y passa le concours d'entrée dans la Marine « à titre étranger » et fut classé au 53e rang sur 73. C'est seulement à la suite de l'intervention du Nonce apostolique, mais aussi de l'amiral Rigault de Grenouilly, qu'il fut autorisé à entrer à l'Ecole navale de Brest. Il avait 16 ans. Mais son statut d'étranger restait un handicap. Un autre piston du Nonce fut donc nécessaire pour lui permettre d'obtenir, de la part de l'amiral Duperre, l'autorisation d'embarquer, en même temps que ses condisciples. Mais là aussi, l'obstacle de la nationalité restait à franchir ; il était et restait un étranger ! Il se révéla être, malgré tout, un bon sujet, au point de se faire apprécier de ses supérieurs. Mais la partie n'était toujours pas gagnée ! Le Nonce apostolique dut alors intervenir une fois encore, en sa faveur, auprès des autorités de la marine, pour faire sa promotion. Dans cette optique, il insista sur le désir du jeune de Brazza de faire carrière au service de la France ; un argument de taille et qui fit mouche ! Il fut alors autorisé à embarquer en qualité d'aspirant à titre étranger. Malgré tout, il restait un verrou à faire sauter : la nationalité. Il ne pouvait devenir français car n'ayant pas atteint l'âge de la majorité ! Dernier baroud d'honneur alors pour le Nonce ! Il mit alors tout son poids ecclésiastique et politique dans la balance et en juillet 1871, fit une déclaration qui devait avoir pour effet de décanter la situation ; il déclara que le jeune de Brazza avait requis et obtenu l'accord du gouvernement du Saint-Père pour séjourner en France et qu'en conséquence, le gouvernement italien de Florence n'introduirait aucune requête sur son compte. Dans le même temps, de Brazza donna pleine et entière satisfaction à ses supérieurs ; il eut ainsi la possibilité, en 1872, d'embarquer sur le *Vénus* de l'escadre de l'Atlantique-sud, qui avait été commise à la répression du trafic négrier. Le 12 août 1874, il sollicita la nationalité française ; elle lui fut accordée par un décret qui fut publié, le lendemain, au *Journal Officiel*. On le comprend : l'amiral de Montaignac, son « parapluie », avait été hissé à la fonction de Ministre de la Marine. Il avait désormais la qualité de Français pour faire aboutir son rêve, celui d'explorateur, intéressé par des voyages au long cours et toutes les découvertes que cela induisait. N'avait-il pas pris entre temps connaissance des récits qu'en avait faits certains de ses devanciers, en l'occurrence le Lieutenant de vaisseau Aymès qui avait pu remonter l'Ogooué, du delta à son confluent avec le Ngunyi, en 1867, à bord de son navire, *le Pionnier* ? Il n'est pas non plus à exclure qu'il ait eu l'opportunité de s'imprégner des résultats des explorations réalisées par Alfred Marche, Louis Alphonse Victor Dupont, *alias* le Marquis de Compiègne, Livingston et Stanley, qui racontaient des faits fabuleux dans un univers habité par des indigènes, et qui décrivaient leurs exploits dans un environnement exotique, où la barbarie était omniprésente, et où la civilisation méritait de se généraliser. Au fur et à mesure de ses lectures, son appétit pour l'exploration s'était aiguisé. Devait démarrer, alors, pour lui, la grande aventure, dont l'un des axes restait la dotation de l'Empire français d'un territoire d'exploitation en Afrique centrale. Trois missions devaient lui permettre de matérialiser ce rêve : le premier, qui eut lieu de 1875 à 1878, le deuxième, qui fut effectué de 1879 à 1882, et le troisième, qui se déroula de 1883 à 1885. Ce dernier porta le nom de *Mission de l'Ouest africain* et fut l'occasion de la fondation de Ndjolé.

Les antécédents de la fondation

Mais tout ne devait pas se dérouler comme prévu. D'autres obstacles allaient jalonner la voie du jeune futur explorateur. L'un de ceux-ci fut la décision prise par les autorités françaises d'abandonner la colonie du Gabon. En effet, au lendemain de sa défaite de 1871 qui la laissa complètement exsangue, amoindrie, assommée, la France pensa qu'il serait de bon ton, pour se relever de son délitement, de se délester de certains territoires non rentables économiquement et commercialement. Dans cette catégorie se trouvèrent Assinie, Grand-Bassam et Dabou, en Côte d'Ivoire, mais aussi le Gabon, considéré comme profitable plutôt à l'Angleterre et à l'Allemagne, et improductive pour la France, dont l'activité principale, jusqu'à la suppression de la traite, consistait dans cet odieux trafic humain. Sur ces entrefaites, le ministère de la Marine décida d'évacuer le Gabon à l'orée du 1er janvier 1874. Mgr Bessieux qui s'y trouvait depuis plusieurs années, missionné par le Père Libermann, fut ainsi sommé par l'amiral Du Quilio, commandant de la division navale de l'Atlantique-sud, de quitter le Gabon et de regagner la France. Mais le prélat s'y opposa fermement, estimant que l'intérêt pour la France au Gabon ne se trouvait point dans les matières premières que cette colonie pouvait fournir, mais plutôt dans ses populations qui attendaient d'être converties, évangélisées. L'abandon du Gabon par la France fut alors ajourné, même s'il fut un instant envisagé l'option d'échanger la Gambie contre tous les territoires français du golfe de Guinée. C'est donc sur cette base que Pierre Savorgnan de Brazza put aller au-delà de ses rêves : entreprendre sa première mission d'exploration au Gabon.

La première mission

Il savait qu'une telle aventure serait risquée, ardue et particulièrement difficile, car l'Ogooué était parsemé de tribus guerrières aussi hargneuses les unes que les autres, tandisque les pistes à emprunter étaient constellées de dangers. Mais le jeu en valait la chandelle ! Lui-même d'ailleurs l'affirma dans ce document qu'il rédigea :

Je présentai le projet d'une exploration de l'Ogooué pour en démontrer l'importance, comme route de communication vers les régions centrales de l'Afrique. Attaché depuis deux ans à la conviction que l'Ogooué en amont des premiers rapides était un fleuve considérable et une voie de pénétration dans le continent mystérieux. [115]

[115] P. Savorgnan de Brazza, *Trois explorations dans l'Ouest africain de 1875 à 1886*, Napoléon Ney pp. 1 et 2

De toutes façons, il n'en avait guère le choix. Au moment où allait s'ouvrir la Conférence de Berlin dont les travaux devaient s'étaler du 15 novembre 1884 au 26 février 1885

> *il s'agissait de prendre le plus possible de gages et d'affirmer une présence en fondant des postes ou des stations nouvelles qui permettraient, au moment de l'inévitable discussion de partage, de faire valoir des droits d'antériorité*[116].

Il s'engagea donc avec d'autant plus de détermination qu'il savait pouvoir compter sur le soutien de l'administration, mais aussi sur celui que procurait une force publique. Cette force était constituée de deux unités principales : d'abord les laptots de Gorée, qui avaient été créés sur les cendres du Bataillon d'Afrique, lui-même institué en 1763, par le Ministre Choiseul, avant d'être décimé et rapatrié en France en 1765, et au sein duquel figuraient aussi bien des colons blancs que des métis, des noirs libres que des esclaves, ensuite les tirailleurs sénégalais, cette unité créée en 1857 et qui avait la capacité de servir de force d'appoint. En dehors de ces unités, il fallait compter avec les soldats noirs, qui comprenaient 325 militaires indigènes parmi lesquels on trouvait 25 tirailleurs algériens affectés par le Ministère de la Guerre ainsi que 300 tirailleurs et laptots sénégalais, véritables hommes de combat, préparés à l'action, à la protection des autorités qui étaient placées à leur tête ainsi qu'à toutes les opérations de matage des indigènes. Ces tirailleurs formaient le « Régiment d'Infanterie Indigène ». Ce Régiment était subdivisé en deux bataillons : l'un qui avait pignon sur rue au Chari, et l'autre qui avait juridiction sur le Congo et qui comprenait quatre compagnies réparties de la manière suivante : une qui était basée dans la colonie du Gabon, une qui était placée dans l'est-Oubangui, une autre qui était à Brazzaville et une autre, enfin, qui était placée dans la Sangha, autrement dit dans le Bas-Oubangui. Ces bataillons étaient, de temps en temps, utilisés à des tâches purement civiles, telles que l'entretien, la construction et l'assainissement des postes, mais ils étaient aguerris pour le maniement des armes.

[116] P. Vennetier, *Les villes d'Afrique tropicale*, Paris, Masson, 1976, p. 22

Pour mener à bien cette première mission, Pierre Savorgnan de Brazza ne fit pas le déplacement tout seul ; il se fit accompagner de personnes rompues à la tâche, susceptibles de lui faire bénéficier de leur expertise ; outre la subvention de 10 000 francs qui lui fut accordée, il eut à ses côtés le Dr Noël Ballay, médecin de l'équipe, Alfred Marche, naturaliste ayant une connaissance avérée du terrain, et le Quartier Maître de manœuvre, Hamon. Mais ce n'était pas tout ! Cette expédition n'aurait pas pu se dérouler sans anicroches si, au préalable, des dispositions pratiques n'avaient pas été prises. De Brazza se dota ainsi de tout le matériel nécessaire, constitué de produits médicaux et de vivres. Muni de tout l'attirail nécessaire, il put allègrement quitter la France (et plus spécialement Toulon, dans le Var) le 1er septembre 1875, avec pour destination finale l'Ogooué, *via* Libreville. Avant d'arriver à bon port, il passa par Dakar, où il procéda au recrutement d'une vingtaine de laptots et de tirailleurs, qui devaient constituer son escorte. Une fois parvenu à Libreville, il s'adjoignit 17 Africains, dont 4 interprètes gabonais. Après quoi, il emprunta, avec ses compagnons, une pirogue, et s'engagea sur le fleuve Ogooué.

Au cours de cette expédition, il entreprit des investigations profondes, arpenta les recoins du fleuve, mais fit face à de nombreuses avaries d'ordre naturel : lianes et branchages qui enchevêtraient le fleuve, biefs accidentés qui imprimaient la lenteur au déplacement, mouches tsé-tsé qui assaillaient l'équipage et rendaient tout déplacement mal aisé, hostilité de certains peuples : *Aduma*, *Okandé*, *Ossyéba*, qui étaient souvent sur le qui-vive, par ce que redoutant les razzias esclavagistes, manque de certaines denrées alimentaires, ce qui occasionnait alors des situations de famine chez les accompagnateurs, désertion de certains d'entre eux. En dépit de tous ces obstacles, l'homme ne baissa pas la garde ; bien au contraire, il fit toujours montre d'une réelle endurance et d'une ténacité certaine. Il se dirigea ainsi vers le Congo, découvrit l'Alima et la Likouala, étapes fondamentales. Mais il fut stoppé dans sa progression, le 3 juillet 1878, par les populations Apfourou, qui le contraignirent à rebrousser chemin. Il revint ainsi à la case départ, Libreville, qu'il atteignit le 11 août, exténué et couvert de plaies. Sur ces entrefaites, il acheva sa mission sans avoir pu descendre jusqu'au Congo, et ainsi contrer Stanley. La déception était donc grande ! La seconde mission s'avérait alors nécessaire.

La seconde mission

Elle eut lieu de 1879 à 1882. Son objectif était de reconnaître l'*hinterland* gabonais afin de créer des postes administratifs susceptibles d'assurer la protection du commerce français et de donner plus de poids à la présence française dans la colonie. Au-delà, elle devait permettre d'arriver au Pool, au Congo, et de mettre pied sur les deux rives de ce pays, avant Stanley, en traversant les plateaux Batéké et l'Alima, dont le cours avait été barré par les populations Apfourou lors de la première expédition. En dehors de cette prise des deux rives, un objectif méritait d'être atteint : l'éradication de la traite négrière qui décimait des populations entières et qui sévissait en ces lieux. Restait alors à impliquer la France. Pour y parvenir, Pierre Savorgnan de Brazza usa de stratagème. Nous nous en rendons compte dans cette correspondance qu'il adressa, le 30 août 1879, au Ministre :

> *Je dois signaler l'importance commerciale et surtout politique que va prendre le Gabon par l'Ogooué, et la partie encore inoccupée de la côte qui s'étend jusqu'aux possessions portugaises de l'Angola... la nation européenne qui aura su prendre position sur la partie de la côte, qui sera le débouché naturel de cette immense voie de communication, aura créé un immense marché à son activité commerciale dans un pays que la facilité des communications que la nature y traça appelle fatalement à un immense avenir.* [117]

Un argument massue ! Il se fit convaincant. L'administration française s'y engagea alors, par le biais de la Société de Géographie de Paris (SGP) et de l'Association Internationale Africaine (AIA), des structures qui comptaient de nombreux membres du Gouvernement français. En dehors de ces deux structures, des Ministres y allèrent de leur participation ; ce furent, entre autres, le Ministre de la Marine et

---

[117] Cf. A.-F.-X.-I. Ratanga Atoz, « De Brazza et l'exploration du fleuve Ogooué (Gabon) » in *Actes du Colloque international Pierre Savorgnan de Brazza, Fondateur du Congo-Français : le centenaire de sa mort*, Libreville, Multipress, 2006, p. 58

celui des Affaires Etrangères. Ce dernier débloqua ainsi la somme de 10.000 francs, tandis que celui de la Marine décida de prendre en charge les frais d'entretien des laptots africains dont la tâche devait consister à assurer la sécurité de la mission. De son côté, la Société de Géographie de Paris (SGP) débloqua la somme de 4.000 francs, somme qui s'ajouta aux 20.000 francs que versa l'Association Internationale Africaine (AIA). Avec toute cette liasse financière, Pierre Savorgnan de Brazza s'équipa en matériels nécessaires ainsi qu'en vivres et en paccotille qu'il pouvait offrir en cadeau aux potentats locaux qu'il allait être amené à croiser sur sa route.

Sur cette base, il quitta la France le 27 décembre 1879. Comme pour la première Mission, il fit halte à Dakar et se dirigea à Saint-Louis. Il y recruta quelques tirailleurs sénégalais, parmi lesquels figurait le sergent Malamine Kamara. Puis, le 27 décembre 1879, il poursuivit sa route vers Libreville, *via* Bonny, dans les bouches du Niger, et Calabar. Arrivé à destination, Libreville, le 20 février 1880, il prit un repos de trois semaines avant de remonter l'Ogooué, le 9 mars, avec une destination en tête, Masuku. Pour ce faire, il emprunta un vapeur, *le Pionnier*, que lui avait prêté le représentant de Hatton & Cookson. Il fit un détour par Lambaréné, à l'époque Lémbaréni (« Allez-y donc ! »), qu'il atteignit le 14 mars. Là, il rencontra le chef *Enenga* Rénoké, qui mit gracieusement à sa disposition des accompagnateurs et des pagayeurs. Dans le même temps, il s'enhardit à convaincre les rois *Aduma*, *Okanda*, *Enenga*, et *Galoa*, de collaborer avec lui et poursuivit sa route vers Masuku qu'il atteignit non sans peine. Sur ce site, il fonda, le 13 juin 1880, la première *station scientifique et hospitalière de l'Ouest africain*, qui fut baptisée du nom de Francheville, la ville des franchises, au confluent du fleuve Ogooué et de la rivière Mpassa, à l'issue des traités passés avec les notables locaux qu'il avait gratifié auparavant de présents. Le site choisi fut le « village ndumu du clan Okama (ou Bekama) perché sur les hauteurs de la rive gauche de la Passa, en face du village Epila du grand chef Ngimi-a-Mburu situé sur l'autre rive, également sur les hauteurs de la zone »[118]. Il y planta ainsi « le drapeau français »[119] et fit « construire les premiers bâtiments de la station »[120]. Mais dès avril 1881, cette station fut amenée à changer de dénomination ; ce fut désormais Franceville[121].

Photo 15 :

Pierre Savorgnan de Brazza, à Francheville, entouré de populations du cru[122]

(Prise de vue de l'auteur au Mémorial Pierre Savorgnan de Brazza, Brazzaville)

---

118 J. Libizangomo Joumas, « Pierre Savorgnan de Brazza à Franceville : témoignage d'un notable » in *Actes du Colloque Pierre Savorgnan de Brazza : Fondateur du Congo-Français : le centenaire de sa mort*, p. 234

119 *Id., ibid.*

120 *Id., ibid.*

121 Comme Pierre Savorgnan de Brazza l'indiqua lui-même dans un rapport qu'il fit à l'AIA en avril 1881 et où il disait : « je suis arrivé à Franceville… » in Henri Brunschwig, *Brazza explorateur : les traités Makoko 1880-1882*, p. 128

122 L'homme est tel qu'en lui-même, avec son casque colonial vissé sur la tête : simple, convivial, ce que lui rendent bien les habitants ! Il est quasiment en terrain connu, il se sent comme chez lui, il a le contact facile, ce qui rend relativement aisée son œuvre exploratoire !

Puis vint le tour du Congo, et plus spécialement le lac Ntamo. Il fallait y aller et arriver à destination très vite, avant Stanley qui, avait-on appris, cherchait à rallier le Pool. Après quelques mois de repos sur les terres franchevilloises, pour récupérer des fatigues accumulées pendant son épopée sur l'Ogooué, il demanda au chef Ngimi-a-Mburu de mettre à sa disposition des accompagnateurs susceptibles de le guider dans la suite de son voyage. Cinq jeunes hommes furent alors désignés pour ce faire : Ngiah, Lebidzangomo, Lembumba, Lekonighi, Lumaluma. Ces accompagnateurs s'ajoutèrent à ceux qui faisaient déjà partie de son escorte : Malamine Kamara (et non Kemara), Samba Thiam, Samba Dado, Gomes et Gilles, ainsi que l'interprète Ossiah et 7 porteurs gabonais. Aussitôt engagé, ce voyage présenta un certain nombre d'anicroches qui ralentirent l'élan du voyage : absence de documents qui auraient pu leur permettre de s'orienter aisément, négociations permanentes avec les chefs de villages qui souhaitaient être gratifiés de présents, pullulement de chiques, dont les piqûres agressaient les membres de l'expédition et les empêchaient d'avancer ; résultat : il fut décidé, le 3 août, de confectionner un radeau pour descendre la rivière Léfini, en compagnie du chef *atégé* Ngampéré. C'est alors que Pierre Savorgnan de Brazza reçut la visite d'un envoyé du roi des *Atégé*, l'Unkoo Iloo Ier, pour lui servir de guide dans tous les *Etats* qu'il allait être amené à traverser, ceux qui s'étendaient sur la rive droite du Congo, jusqu'au lac Ntamo, autrement dit le Pool. Ce fut Mâampiéle ; il dépendait du premier Ministre, Ngé Illino. Sous sa conduite, il parvint au village Ngampo où il eut le loisir de se reposer, avant de se rendre au village de Ngampey. Le 13 août, conduit par Ngampo, il se rendit, avec une partie de son escorte- Malamine Kamara, Samba Thiam et Ossiah- au nord et atteignit les bords du Congo, non sans mal. Cette expédition congolaise se termina, à Mbé, par la signature, avec l'Unkoo Iloo Ier, qu'assistaient, outre sa première épouse, la reine Ngascha, *propriétaire du mil et du maïs*, le grand féticheur, les membres de la famille royale, les courtisans, ainsi que tous les habitants du village, le 30 novembre 1882, d'un traité, par lequel la France allait dorénavant passer maîtresse d'immenses territoires en Afrique centrale afin d'y mener une politique active. Auparavant, Pierre Savorgnan de Brazza avait signé, et ce au nom de la France, le 3 octobre 1880, avec les vassaux de l'Unkoo Iloo Ier, un traité d'amitié et de protectorat et avait saisi cette opportunité pour fonder la seconde station française à Ntambo, avant de distribuer ensuite aux villages des deux rives, des drapeaux tricolores en signe de protection. Dernier acte qu'il posa : il laissa la station aux mains de Malamine Kamara, avec pour mission de veiller au drapeau français, et que devaient seconder deux matelots.

Photo 16 :

Malamine Kamara, un accompagnateur de Pierre Savorgnan de Brazza[123]

(Prise de vue de l'auteur au Mémorial Pierre Savorgnan de Brazza, Brazzaville)

[123] On voit l'homme par ses traits : les yeux vifs, le nez épaté, les lèvres saillantes, le physique rigide, sec, trapu, la barbe hirsute, preuve qu'il était l'homme de la situation ! Il a le regard froid, il est déterminé, il est concentré. On dit trivialement en Afrique qu'il est « dangereux » ! Il donne l'impression de ne pas avoir *froid aux yeux*, d'être déterminé et de ne reculer devant aucun obstacle !

Par cet acte d'allégeance, Pierre Savorgnan de Brazza créa donc le poste de Mfoa, qui devint plus tard le siège de la future ville de Brazzaville. Au final, cette mission avait abouti à de solides résultats et ce d'autant plus que par ce biais, la France avait pu s'octroyer des dépendances dans cette région africaine. C'était donc un succès. Mais avec un arrière-goût d'inachevé ! Avec des pointillés ! Pour une raison simple : des stations restaient à créer, qui devaient permettre à la France d'élargir sa main mise sur le Congo-Français. Une mission supplémentaire s'avérait alors nécessaire. Ce fut la troisième, la *Mission de l'Ouest africain*, celle qui allait aboutir à la fondation du poste de Ndjolé.

La troisième mission ou *Mission de l'Ouest africain*

Cette Mission s'engagea sous de bons auspices. Et pour cause : les officiels français avaient apprécié le succès de la seconde mission et avaient été conquis par l'enthousiasme de Pierre Savorgnan de Brazza. Pour la première fois, le Quai d'Orsay et l'Instruction publique avaient saisi l'opportunité de ces expéditions et avaient pris fait et cause pour lui. Il fut donc unanimement décidé de s'impliquer fortement dans le déroulement de cette Mission, qui reçut un cachet économique et scientifique, sous couvert de philanthropie. Sur cette base, il lui fut octroyé un budget dix fois supérieur à ceux qui avaient été précédemment mis à sa disposition, afin de le doter de moyens matériels nécessaires susceptibles de le mettre à l'abri de toute difficulté financière et matérielle : 1.275.000 francs, soit l'équivalent d'environ 7 millions d'anciens Francs. À cette somme s'ajoutèrent 980.000 francs concédés par l'Instruction publique, afin de lui faciliter le financement de la construction, de l'entretien, du ravitaillement des postes amenés à être créés, mais également pour l'entretien du personnel. Le Ministère des Affaires Etrangères versa 65.000 francs pour l'achat des cadeaux des chefs, et la Marine alloua la somme de 230.000 francs pour l'achet d'un bateau à vapeur, l'*Olumo*. Pour donner un caractère officiel au statut qui devait être le sien, Pierre Savorgnan de Brazza fut nommé, par décret du 5 février 1883, signé de Jules Grévy, *Commissaire du Gouvernement de la République dans l'Ouest africain*, un titre nouveau, en ce qu'il n'avait jamais eu cours dans la nomenclature des fonctions administratives dévolues aux administrateurs des colonies. Par ce décret, il devait ainsi « pourvoir aux dispositions propres à assurer dans l'Ouest africain l'exécution des actes ci-dessus mentionnés (loi de ratification des traités et loi portant ouverture des crédits extraordinaaires) »[124]. Sous son autorité devaient être placés, à la suite de leur nomination, par leurs responables, le représentant du Quai d'Orsay, Nisard, celui de l'Instruction Publique, X. Charmes, et celui de la Marine, le lieutenant de vaisseau Garnault. Il reçut aussi carte blanche pour choisir ses accompagnateurs ; ce furent : Conza, l'italien, qui faisait aussi office de trésorier, et que fut amené à remplacer Daumas-Béraud, Samba Tiam, Emmanuel Gomez, le sergent Malamine Kamara, et Joseph Michaud, qui avaient déjà fait partie de ses expéditions, auxquels furent associés des nouveau-venus : Jules Dutreuil de Rhins, qui devait faire office d'écrivain, de plume, de *nègre*, et Charles de Chavannes, le secrétaire, Rigail de Lastours, l'ingénieur des Mines, Albert Dolisie, le Polytechnicien, Alfred Fourneau, l'ancien officier, le Lieutenant Decazes, Jacques de Brazza, l'universitaire, son frère, chargé de mission par le *Museum*, et Attilio Pécille.

[124] Décret du 5 fév. 1883

Photo 17 :

Pierre Savorgnan de Brazza et certains de ses compagnons d'expédition[125]

(Prise de vue de l'auteur au Mémorial Pierre Savorgnan de Brazza, Brazzaville)

125 Il s'agit de Giacomo et Pietro Savorgnan de Brazza, Attilio Pecile, Rigail de Lastours. Ils sont tous jeunes, ils ne paient pas de mine. Pourtant ils constituent « l'épine dorsale » de l'équipe « brazzéenne » ! On voit des personnages simples dans leurs atours, mais des hommes sûrs d'eux et profondément déterminés !

La mission à lui confiée consistait non seulement à sécuriser les voies vers Brazzaville, mais aussi à fonder de nouvelles stations. Dans cette optique, des marchandises destinées à la traite furent achetées massivement. De même, des navires de commerce furent mis à sa disposition pour l'aider à assurer le transport de l'ensemble de son matériel. Enfin, son équipe sécuritaire fut amplifiée ; elle comprenait à la fois les tirailleurs algériens et sénégalais, au nombre de 27, qui furent placés sous les ordres du Lieutenant Manchon, et qu'assistaient deux sous-officiers européens.

Ces préalables accomplis, Pierre Savorgnan de Brazza procéda comme de coutume ; il se dota de tout l'outillage nécessaire à son expédition et à l'accomplissement de celle-ci : la pharmacie, et donc tous les médicaments, surtout la quinine, susceptible de leur permettre, lui et sa suite, de se prémunir contre les maladies tropicales auxquelles il allait faire face. Il y ajouta la morphine, les pommades, les fortifiants, les bandages, l'alcool, tout ce dont il pouvait avoir besoin pour des pansements, pour des soins ! Il s'équipa aussi en matériels de brousse : tentes, bâches, couvertures, matelas, oreillers, moustiquaires et nattes, vêtements, chaussures, car il savait qu'il effectuerait de longues distances à pied et qu'il ferait face aux moustiques, à la mouche tsé-tsé et aux serpents venimeux ! En s'équipant ainsi, il savait qu'il aurait le loisir de se déplacer, mais également de braver tous les obstacles liés à son déplacement en forêt tropicale ! Dans un univers où la forêt constituait un obstacle au déplacement et à toute forme de progression, il en avait besoin pour se frayer un chemin, en passant au travers des lianes, en construisant des ponts occasionnels, en logeant dans des huttes, en empruntant des pirogues. Il se dota aussi de certains livres, y compris la Bible, qu'il considérait comme des nécessaires compagnons, des instruments de délassement, mais aussi de blocs-notes, d'une boussole, d'un chronomètre, d'un cadran solaire, d'un pluviomètre, d'un thermomètre, d'un télescope, d'une équerre et d'une ligne de sonde, afin de s'orienter et de prendre toutes les mesures nécessaires. Il n'oublia pas, enfin, de s'équiper en babioles, ces *petits rien* dont il pouvait se servir pour appâter les indigènes : tissus, marchandises, hameçons, fils de laiton, armes à feu. À cela, il ajouta, pour sa propre alimentation : du sel, des épices, du thé, du café, du poisson, de la viande, des légumes, de l'huile, du sucre, des biscuits. Tout un attirail !

Après quoi, il se fit précéder, sur le terrain, d'un contingent d'éclaireurs, pendant que lui-même restait en France finaliser certains détails. Firent partie de cette équipe pionnière : son frère, Jacques, mais aussi Attilio Pecile. Ils étaient, tous les deux, naturalistes. Ils foulèrent le sol du Gabon, le 22 janvier 1883, suivis trois semaines plus tard par Rigail de Lastours, le 2 février 1883. Ils firent alors route vers Lambaréné (Lémbaréni), qu'ils atteignirent près de trois semaines après, autrement dit le 4 mars. Attilio Pecilio y fit halte, tandis que Rigail de Lastours et Jacques de Brazza poursuivirent leur route en direction de Franceville, le 8 mars, en compagnie de 14 pirogues dont les pagayeurs étaient *Aduma*. De son côté, Decazes prit la route en février 1883 pour le Sénégal aux fins de recruter une centaine de laptots. L'accompagnaient dans cette mission : Albert Veistroffer, Roche et Meurville. L'on procéda aussi au recrutement des Kroumen pour assurer les travaux de manutention tout au long de la mission. Dernière opération : Pierron et Eckmann quittèrent la France à la fin du mois de février 1883.

Tous ces préparatifs réalisés, Pierre Savorgnan de Brazza pouvait débarquer ; il arriva au Gabon le 21 avril 1883, accompagné d'agents, de recrues et de tout le matériel nécessaire. Mais dès cette arrivée, il se heurta à un obstacle de taille : le commandant de la station, Masson, refusa de mettre à sa disposition tous ses moyens matériels et humains, au motif qu'ils étaient insuffisants. Résultat : tout l'outilage qu'il avait pu acquérir en France et qui avait besoin d'un espace approprié pour être à l'abri des intempéries resta entreposé dans les quais, alors que les hangars de la Marine étaient vides. Tout le matériel fut alors vite avarié. Mais l'avarie ne fut pas le seul malheur qui lui arriva ; un autre s'ajouta : le vol de ce matériel par les vandales ! C'est qu'il avait été laissé exposé à l'air libre, sans la moindre surveillance. Dépité, le 30 avril 1883, Pierre savorgnan de Brazza prit alors la route pour Lambaréné, accompagné d'une quinzaine d'agents. Lambaréné, en effet, n'était-ce pas une station militaire sommaire ? Elle avait été fondée par le commandant Masson, la même année, et n'était constituée alors que d'une hutte que gardaient deux matelots et quatre laptots.

Photos 18, 19, 20, 21 : **Vues de Lambaréné**

(Archives personnelles Pr Pierre Ndombi)

Pour se rendre à Lambaréné, De Brazza emprunta l'*Olumo*, « un petit vapeur de rivière, construit en 1882, dénommé le *the two Roses of York (...)*, unité de 172 tonnes de déplacement, d'une longueur de 24,20 mètres sur 5,50 mètres de largeur, avec un tirant d'eau de 2,03 mètres..., aménagé pour le transport de 264 passagers de pont (...) »[126] dont l'avait gratifié le Ministère de l'instruction publique. Certes, il eut de la peine à arriver jusqu'au bout de son voyage, en raison des bancs de sable qui se dressaient sur son passage et qui amenaient souvent le navire à s'échouer, au point qu'il dut se délester d'une partie de ses bagages, soit vingt (20) tonnes de charbon, mais il finit par atteindre sa destination finale. Lambaréné fut une étape mémorable car quand il arriva dans cette station, il fut accueilli chaleureusement par Attilio Pecilio et ses pagayeurs *Aduma*, soit environ trois cents (300) personnes, dont une vingtaine de Blancs. Mais ce n'était qu'une halte, un point d'étape. Outre le cours inférieur de l'Ogooué, où trois postes devaient être créés, la destination à atteindre était, en effet, Ndjolé, appelée à être réduite à l'état de station, ou du moins de poste. Il fallait donc envisager la suite du voyage !

Pour l'entreprendre avec succès, il fallait procéder comme d'habitude, là aussi, et ce d'autant plus que Ndjolé était une étape

[126] « Il était un petit navire... l'Olumo » in *Gabon Magazine*, N°5, 2008, p. 28

importante. Pierre Savorgnan de Brazza déploya donc ses vertus habituelles : le respect des traditions des populations du cru, l'adaptation aux coutumes et croyances des populations rencontrées, la familiarité avec elles, en acceptant de partager leurs couches, de trancher leurs litiges, mais aussi l'humilité, le courage, la simplicité, la persévérance. Mais ces atouts ne furent pas les seuls qu'il mit à son actif ; outre les hommes de troupe qui avaient été placés à sa disposition, il s'entoura d'un contingent d'auxiliaires indigènes des autorités françaises, parmi lesquels se trouvaient « un esclave, Soba ; un boy, Bay Félicien ; un écrivain, d'origine sénégalaise, Boubou Fabrice »[127] et un interprète, un certain Damba, dont Fourneau dressa ce portrait élogieux :

> *Notre interprète, un Gabonais, a pour nom Damba. Ancien traitant, au service de plusieurs maisons de commerce de Libreville, il avait déjà, à différentes reprises, voyagé au milieu des populations de l'intérieur avec lesquelles il commerçait. Damba est un homme de 35 ans environ, sérieux et intelligent ; il a avec lui sa femme et un enfant. Monsieur de Brazza l'a engagé, non seulement comme interprète, mais aussi comme intermédiaire entre nous et les indigènes dont il connaît les manières. Nous devrions lui remettre un certain stock de marchandises qu'il échangera avec les Pahouins (Fang) contre du caoutchouc et de l'ivoire qui reviendront à notre mission et sur lesquels il touchera une commission.* [128]

Tout se passa ainsi sans encombre. C'était en juin 1883. Pierre Savorgnan de Brazza foula le sol de Ndjolé. Ce site était à 374 kilomètres du Cap-Lopez et devait être appelé à jouer le rôle de « tête de ligne de tous les convois chargés d'approvisionner et de ravitailler toutes les autres »[129]. L'accueil fut enthousiaste ! Et pour cause : ses « compatriotes » s'étaient organisés pour que ce passage fût un succès. En effet, depuis plusieurs années, Ndjolé était habitée par des Occidentaux : les Protestants de la *Board Foreign Missions of the*

---

[127] C. Coquery-Vidrovitch, *Brazza et la prise de possession du Congo*, Paris-La Haye, 1969, p. 238

[128] Cité par A. Merlet, *Vers les plateaux de Masuku (1866-1890)*, Paris, Sepia, 1990, p. 425

[129] Cdt Pradier, *Rapport général sur le haut-Ogooué-Alima-Congo*, s.d., G.C., IV, 10, Texte 72

Presbyterian Church, une mission protestante qui fut cédée en 1893 à la Société des Missions évangéliques de Paris et qui s'étaient installés en 1882, entre autres, à Talagouga. Outre ces missionnaires, il y avait des établissements commerciaux, qui étaient au nombre de cinquante deux (52) au Gabon, mais dont certains –douze (12)- avaient pu prendre racine dans le Bas-Ogooué, et même dans Ndjolé et ses environs, entre 1867 et 1880. Trois Européens y résidaient (Michelez, Montaignac et Flicotteau), qu'assistaient trente (30) Sénégalais. Ndjolé même n'était qu'un bourg, une masure : elle n'était constituée que de « trois cases en écorce et en paille »[130].

Parvenus sur le site, Pierre Savorgnan de Brazza et sa suite ne prirent pas leurs quartiers en n'importe quel lieu ; ce fut plutôt l'île, *l'île Missanga*, au milieu de l'Ogooué, sur la pointe nord, qu'ils transformèrent en point névralgique, en *Quartier Général*, en *ville coloniale*, en *ville blanche* et où, plus tard, furent bâties des infrastructures, sûrement avec du matériel local, à l'instar de De Chavannes à Brazzaville, le 30 septembre 1884. De Chavannes, en effet, n'avait-il pas utilisé la charpente de bois, les parois de tiges de palme, et le toit de chaume avec lesquels il avait fait construire des habitations et le magasin de troc pour les Européens ? À Ndjolé, les choses ne furent pas différentes ; du matériau local fut mis à contribution : la paille, des poutres, des planches, ce qui donna l'allure de paillotes aux maisons qui furent construites ! Une œuvre qui se poursuivit jusqu'en 1884 !

Le poste qui avait été créé n'était donc pas dans la *ville noire*, celle qui était constituée par un conglomérat de villages alentour, habités par des indigènes. Il était plutôt situé en retrait. Le colon ne pouvait donc être mêlé à la population autochtone, c'est-à-dire aux populations noires qu'il fallait gérer et sur lesquelles il fallait avoir en permanence l'œil. Le site retenu avait la particularité d'être isolé ; personne ne pouvait s'y aventurer. Ne devaient s'y rendre que ceux qui avaient une raison évidente de le faire : personnel administratif, personnel domestique.

---

[130] Decazes, *Journal*, 13 juin 1883, MOA-VII

Planche 6 :

Ndjolé, *l'île Missanga*, la *ville blanche*, la *ville coloniale* : des infrastructures en paillotes[131]

Source : X. Cadet, *op., cit.*

Mais cette situation ne resta pas immuable ; plus tard, vers les années 1887-1888, la ville s'étendit : d'abord vers la rive gauche de l'Ogooué, et ensuite vers la rive droite. Le choix prioritaire de la rive gauche est à rattacher à la topographie de l'espace : contrairement à la rive droite, les pentes y étaient moins raides, ce qui ne pouvait nécessiter d'importants travaux d'aménagement. De plus, sur cette rive, les routes étaient faciles à construire car la topographie était peu

[131] On observera l'état des paillotes, ces maisons sommaires, construites de manière rudimentaire : elles étaient faites à la hâte. Le terme de cabanes, et même de huttes, est le plus approprié. Le matériau local a été préféré : aucun luxe possible ! On y est amené presque à vivre à l'état de nature, dans une zone herbacée, entre les bois, au contact de la verdure. Il y a de l'espace, pour d'autres types d'investissement, mais aussi pour se mouvoir aisément ! On remarquera aussi la présence lointaine des forces coloniales, le casque vissé sur la tête et celle de ces jeunes gens qui se chauffent au feu de bois, vêtus de manière sommaire, surveillant une marmite au feu : sûrement un temps de saison sèche !

accidentée. Enfin, cet endroit était à l'abri de toute inondation en période de crue, en même temps qu'il offrait l'opportunité d'avoir une large vue sur le fleuve qui coulait non loin de là. C'est donc seulement plusieurs années après, que la rive droite fut intégrée à la ville, en recevant sa part d'investissements. Et là encore ! Le choix fut porté sur les collines qui dominaient la rive droite de l'Ogooué et au point où le fleuve en amont cessait d'être navigable pour les remorqueurs à moteur[132]. La prison, les bureaux du responsable du poste, etc., y furent alors érigés.

À Ndjolé, on n'innovait d'ailleurs rien en la matière. Partout où ils s'installaient, les colons ne retenaient-ils pas en priorité des sites qui présentaient certaines commodités, parmi lesquelles se trouvait en première place, la sécurité ? On le voit ainsi pour Brazzaville. Quand cette ville fut fondée, en effet, le 30 septembre 1884, De Chavannes choisit le village de Mfoa. « Ce site », nous dit Madame le Pr. Scholastique Dianzinga, était « peu accessible, en raison de sa situation dans un bas-fond… ». Pourtant, c'est ce site que retint « Charles de Chavannes » qui « porta sa préférence sur le plateau bordant l'actuel ravin de la Glacière parce que vers l'Est s'étendait une vaste plaine qui présentait des possibilités d'extension ». Et comme « cet espace n'était pas totalement libre, les dix-sept cases qui s'y trouvaient déjà furent acquises pour le prix dérisoire de 920 barrettes (une des monnaies ayant cours dans la région) »[133]. On le voit aussi pour Yaoundé, l'actuelle capitale administrative et politique du Cameroun. Suivons en cela Albert Pascal Temgoua, dans cette contribution scientifique consacrée à la création de cette ville par trois Allemands, envoyés par le gouvernement impérial, le capitaine Kund, le lieutenant Tappenbeck, que suivirent deux scientifiques, l'un botaniste, Braun, et l'autre, Zoologiste, Weissenboom :

---

[132] Aujourd'hui encore, les bâtisses, bâties sur le modèle colonial, et qui jonchent une partie de la ville, surtout dans la partie dite *le centre-ville*, sont l'un des éléments indicateurs de cette présence coloniale lointaine.

[133] « La fondation de la colonie du Congo-Français » in *Histoire Générale du Congo des origines à nos jours*, II. *Le monde moderne et contemporain*, Paris, L'Harmattan, 2011, p. 146

L'implantation du poste de Yaoundé par les explorateurs allemands ne se fait pas au hasard. Les facteurs physiques et les facteurs humains déterminent dans une large mesure le choix de sa situation et de son site (...) Pour installer son poste fortifié, Tappenbeck choisit le sommet de la colline allongée NO-SE qui longe les ruisseaux d'Ekozoa au nord de Mingoa au sud. Il y a ensuite la beauté du paysage (...) Le facteur climatique est également déterminant (...) [134]

Pour Ndjolé, l'on fit donc comme ailleurs ! Il y eut ainsi d'un côté la *ville blanche* et de l'autre la *ville noire*. La *ville blanche* était donc l'île. C'était l'anti thèse de la *ville noire* ; c'est là où vivaient les Blancs, les colons, avec des maisons « reluisantes » pour l'époque, qui se présentaient sous forme de paillotes, et donc qui étaient construites en matériaux locaux, avec une architecture qu'ils avaient été les seules, dans cet espace, à concevoir. Il n'y avait pas encore d'espace pour les jeux, avec toutes les aires appropriées : athlétisme, volley ball, basket ball, football, natation, tennis, etc. ; il n'y avait pas encore de magasins achalandés et susceptibles de leur offrir tous les produits exotiques et adaptés à leur régime alimentaire ; il n'y avait pas de rues asphaltées sur lesquelles ils pouvaient circuler en toute sécurité et en toute aisance ; les repas n'étaient pas toujours garnis à l'Occidentale, avec des plats recherchés, arrosés de vins fins, s'ouvrant par des apéritifs et se terminant toujours par des digestifs haut de gamme, ponctués de camembert et autres boissons recherchées ; il n'y avait pas d'électricité et donc pas de climatisation, mais un minimum existait pour leur permettre de mener une vie relativement aisée ! C'était un univers qui n'avait aucune commune mesure avec la *ville noire*, autrement dit les villages qui ceinturaient Ndjolé. Dans cet espace, ne vivaient-ils pas les Noirs, les indigènes ? C'était le même type d'habitat, souvent spontané, sans plan cadastral, sans commodités spécifiques.

Sur cette base, Ndjolé se dota d'une nouvelle texture urbaine, et ce d'autant plus qu'elle fut amenée à faire désormais cohabiter les structures militaires et civiles appelées à faire fonctionner à l'unisson

---

[134] « Du village à la ville. Comment les Allemands fondèrent Yaoundé (1889-1916) » in *Les Cahiers d'Histoire et Archéologie*, N°5, juin 2003 - juin 2004, p. 79

l'armée et l'administration. S'y implantèrent ainsi une unité militaire et une unité médicale, le tout placé sous le commandement de Vittu de Kerraoul, un ancien agent commercial au Niger, que Pierre Savorgnan de Brazza connaissait et dont il avait eu le temps d'apprécier la rigueur, avant d'être remplacé, en 1885, par Beauguillaume. Dans un premier temps, l'unité militaire principale, composant la garnison française, fut cantonnée au poste de Libreville, où elle avait pris place depuis mars 1850, constituée de 88 personnes, dont 24 soldats noirs de nationalité sénégalaise, parmi lesquels l'on trouvait 18 tirailleurs et 6 laptots, c'est-à-dire des marins débardeurs qui étaient destinés à la flotte fluviale. C'est seulement après, c'est-à-dire à partir du 13 août 1902, que Ndjolé devint une structure quasiment autonome, en se transformant en siège de la 2e compagnie, jusqu'à sa transformation, le 1er janvier 1908, en 1ère compagnie du bataillon du Gabon.

Dès lors, ce poste fut commandé, successivement, par le Capitaine Noton, suivi, en 1904, par le Capitaine Colonna de Leca, quelques années peu après (la date reste encore inconnue), par le Capitaine Jacquier, en 1906, par le Capitaine Currault, et, en décembre 1907, par le Capitaine Fabiani. Etaient membres de cette compagnie : des tirailleurs et des miliciens, dont le rôle était majeur : garantir et consolider la paix à l'intérieur de la colonie, jouer le rôle de base de ravitaillement et de point d'appui pour d'éventuelles opérations de conquête. Quant au service médical, il fut placé sous les ordres de Besson, médecin de 2ème classe des colonies, avant qu'il ne fût remplacé, après son affectation au chef-lieu de la colonie, Libreville, pour y servir, par un médecin stagiaire, Dardenne. Le médecin - Colonel Jean-Claude Debrie qui y servit dans les années 1960, et qui y revint vingt ans plus tard, avant de livrer son témoignage en vue de la réalisation d'un *Mémorial*, en brosse quelques traits qui offrent l'opportunité d'imaginer ce que pouvait être cette structure au moment de sa mise en place, au XIXe siècle :

> (…) *Nous sommes (...) arrivés sur l'ancien terrain d'aviation de Ndjolé, accueillis par les autorités du poste. La case du médecin, dominant l'Ogooué, était immense (...) Il n'y avait pas d'électricité, mais un réfrigérateur à pétrole monstrueux. Aucun confort (...) L'hôpital offrait une quarantaine de lits en chirurgie, autant en médecine, et une dizaine de lits en*

pédiatrie. Enfin, il y avait une maternité où les accouchements se passaient parfois difficilement (...) [135]

Pour imaginer à quoi cet univers pouvait ressembler, référons-nous encore à ce médecin de brousse, ce médecin –colonel Jean-Claude Debrie, qui nous livre un témoignage sur cette ville qu'il connut dans les années 60, et tout spécialement en 1962 :

Que représentait Ndjolé en 1962 ? Une bourgade de mille deux cents habitants environ dont six Européens ; ils étaient plus nombreux en brousse, surtout des forestiers. [136]

Un espace rude donc, dans un univers équatorial, dans la « brousse », où les conditions de vie devaient se révéler difficiles, mais où ces personnes furent amenées à s'installer pour servir, parfois avec abnégation, mais aussi pour faire fortune. Pour en avoir une idée, même très approximative, restons à la suite de notre *guide* à travers ces extraits qu'il nous propose sur des aspects de la vie dans cette ville de Ndjolé :

Pas de difficultés majeures avec la population gabonaise, des rapports tout à fait confiants, avec quelque fois de petits heurts, car la population de Ndjolé ne se laissait pas si facilement mener ou manipuler[137] ;

Tous les expatriés n'étaient pas riches. Certains vivaient petitement. On rencontrait à Ndjolé les personnages les plus insolites. M. Gachon par exemple un vieux monsieur très cultivé, licencié ès lettres en latin-grec, avec qui on parlait de Platon, du Banquet de Criton, le soir dans la touffeur équatoriale, à moitié dévoré par les moustiques, dans un village sur les bords de l'Ogooué. C'est lui qui m'a fait découvrir Hermanes, le jeu des perles de verre, un livre merveilleux... [138] ;

À Ndjolé, après le travail, nous n'avions pour toute distraction, en dehors des visites aux uns et aux autres, que la lecture. Un ami de

---

[135] *Mémorial*, p. 67
[136] *Id., ibid.*
[137] *Id., ibid.*
[138] *Id.*, p. 72

Lambaréné, passionné de littérature anglaise, m'a fait lire tout Shakespeare, Walter Scott et Edgar Poe… [139].

Tout faisait donc de ce poste une ville : concentration humaine, activités essentiellement non agricoles, infrastructures administratives, opérations civiles, intervention de l'Etat, activités de caractère administratif !

D'année en année, il se transforma donc ! C'est que des administrateurs s'étaient succédé : Largeau, Albert Veistroffer, etc., y avaient été affectés pour servir et en avaient profité pour élargir la ville à d'autres espaces et y introduire une dose de modernité. Dans cette optique, en 1893, le point nodal du poste n'était plus *l'île Missanga*, ou encore la rive gauche, qui avait bénéficié de l'implantation de la mission catholique ; c'était maintenant la rive droite, où avaient pris souche l'administration, mais aussi les principales maisons de commerce : la Société des factoreries de Ndjolé de Monthaye qui exploitait aussi la basse Ngounié sur une superficie de 4 200 km², la Société Commerciale et Agricole du Bas-Ogooué, John Holt, Hatton & Cookson, Woermann, Daumas et Bérault et le planteur Gazenguel, ancien agent du Congo. Quant aux infrastructures, elles gagnèrent en qualité, comme dans la plupart des villes ; tout avait été réalisé, dorénavant, selon une architecture spéciale : des briques en terre cuite, réalisées à partir de l'argile ramassée dans les ruisseaux et les marécages alentour et que l'on mettait ensuite au four, des bâtiments érigés sur pilotis, qui avaient la particularité d'être spacieux pour permettre une facile aération, une toiture en tôles de forme piquée, les fils de fer barbelés entourant ces bâtiments, pour marquer la frontière entre les espaces administratifs et le reste, mais aussi pour y introduire une dose de sécurité.

Dans ce cadre, toute une infrastructure se mit en place, marquée par l'étroite combinaison entre les structures anciennes et celles qui devaient voir le jour, conformément au schéma que les colonisateurs mettaient en œuvre partout où ils allaient, et que définissent ici A. Hartshon, Borden D. *et alii*, en ces termes :

---

[139] *Id., ibid.*

The precolonial city existed before the European –based exploration and discovery drive... It is safe to assert that many of these cities continued to retain their precolonial characteristics until the expansion of mercantilism... [140]

Une logique urbanistique qui eut pour résultat, une transformation progressive, graduelle, du site, comme le reprennent ici nos auteurs :

The emergence of the colonial cities involved a process thant transformed many existing precolonial cities, particularly coastal cities. During the transformation process, not only were colonial cultural and economic values implanted, but indigenous technological processes were dismantled... [141]

---

[140] *An urban Geography*, Toronto, 1992, p. 44
[141] *Id.*, p. 49

Photos 22, 23 et 24 :

Vues de Ndjolé après sa transformation en poste[142]

(Archives personnelles Pr Pierre N'dombi)

[142] Ces images nous permettent de percevoir l'évolution de la ville. Alors qu'elle n'était peuplée à ses origines que de quelques centaines d'âmes, elle a fini par gagner en intensité. C'est une quasi ruche ! Elle grouille de monde. Des femmes et des hommes font leur lessive, tandisque d'autres sont sur la berge. C'est aussi un va-et-vient permanent vers cette berge, sous le regard de quelques colons. On est passé de l'île comme point nodal, base première, à la rive droite. La transformation est même architecturale ! Les bâtiments se sont modernisés, ils ne sont plus en paillotes mais plutôt en dur, et même sur pilotis.

Mais Ndjolé ne s'arrêta pas là ! Ce site fut amené à accueillir un bagne, objet de la partie qui va suivre.

IIème Partie

La ville-île-bagne,

un lieu de vie et de mort : 1898-1913

Ka kwena zala dia bantu ko

Un être humain, on ne le met pas au rebut (proverbe kongo)

« Un bagne à Ndjolé ? Comment fut-ce possible ? Pourquoi Ndjolé et pas un autre espace du Gabon ? » pourrait-on se demander et ce à juste titre. C'est que le Gabon, effectivement, dispose de nombreux espaces, de sites, qui auraient pu, par leur côté pittoresque et sécurisé, être utilisés pour abriter un bagne. Nous pensons à *la forêt des abeilles*, cet espace équatorial, où l'on tutoie la nature, avec ce qu'elle a d'exotique ; nous pensons à Port-Gentil, le Cap Lopez de l'époque, qui était un véritable verrou, en ce que cet espace, situé sur une île, pouvait être idoine pour abriter ce type d'infrastructure.

Au XIXe siècle, quand les Français tranchèrent sur le lieu choisi pour ériger cette infrastructure dans l'*hinterland*, le Gabon n'était plus une *terra incognita*, un espace vierge, impénétrable, inconnu ; après la côte où ils avaient fait la connaissance des *Mpongwè* et plus tard des *Nkomi* et des *Orungu*, les explorateurs avaient déjà sillonné les entrailles du pays ; Paul Belloni du Chaillu s'était rendu jusque dans le sud profond ; il avait croisé les *Fangs*, les *Shekiani*, les *Akèlè*, qu'il appela les *Bakalais* ; il avait sillonné le pays *Mocabe*, était passé par celui de ce qu'il appela les *Ashango*, avait rencontré les *Eshira*, les *Bapunu* qu'il appelait les *Apono*, avait cohabité avec les *Tsogho*, les *Apindji*, et était arrivé jusqu'à l'*Ogoulou*, dans la zone de l'actuelle Mimongo. Il avait eu le loisir de connaître tous les climats, s'était familiarisé avec tous les types d'environnement ; des données qui avaient pu être transmises aux autorités administratives et politiques de l'époque, et qui avaient pu les aiguillonner dans leur choix. Ce fut donc Ndjolé. En même temps qu'elle fut un poste militaire et administratif, son paysage s'enrichit donc de cette infrastructure qui fait, jusqu'à ce jour, partie du paysage de cette ville et qui lui donne un caractère touristique : « l'île Samory », en plein milieu de l'Ogooué, appelée à cette époque « l'île-Missanga » ou « l'île-prison ».

Il s'agit donc à ce niveau de réflexion de chercher à savoir quel fut le contexte de cette fondation du bagne, quand y arrivèrent les premiers prisonniers, quelle était leur nationalité, comment ils vivaient et si ces condamnés pouvaient s'en tirer à bon compte après avoir purgé leur peine.

Le bagne colonial, l'histoire d'un lieu de détention

« Une prison de terre entourée par la mer », telle est a définition qu'Erice Fougère, dans son œuvre intitulée *Île prison, bagne et déportation*, parue à Paris, chez L'Harmattan, en 2002, à la page 15, donna à la notion de bagne. Par ces propos, l'homme campait le sujet et ce d'autant plus qu'il indiquait ce qu'était cette infrastructure, quelle était sa nature, sa vocation et, plus largement, quelles fins elles visaient au moment où elle était instituée. À l'en suivre, le bagne était un espace carcéral, un lieu clos, un milieu retiré, où l'on enfermait, où l'on coupait de la vue des autres membres de la société. Précision de taille : cette infrastructure n'était pas implantée à n'importe quel endroit ; non pas au « milieu des terres », dans un environnement « continental », elle était plutôt « maritime » ; elle était en bordure de la mer. La mer, voilà donc qui apporte une indication singulière sur cet environnement.

Mais pourquoi la mer et non la terre ferme ? À cause de sa nature même. Le mot *bagne*, en effet, ne tire-t-il pas sa filiation du provençal *bagn*a qui veut dire « navire échoué, prison mouillée »[143] ou de « l'italien bagno (par référence à une prison de Constantinople située dans d'anciens bains) »[144] ? Il s'inscrit dans la lignée de ces navires appelés galères, « navires de combat propulsés par des voiles et des rames »[145] qui étaient conduits par des rameurs, hommes pauvres mais libres, engagés volontaires, et non condamnés, qui exerçaient leur activité en échange d'un salaire, d'une solde, d'une rétribution. Ils occupaient alors l'une ou l'autre de ces fonctions : commandants, pilotes, arbalétriers, matelots, rameurs, formant un groupe homogène, solidaire, qui fonctionnait à l'unisson.

Vers le XVIe siècle, du fait de la multiplicité du nombre de flottes et donc de la difficulté qu'il y eut à trouver, sur le marché, des engagés volontaires, un tournant s'opéra, qui utilisa Venise comme point de départ ; désormais il s'avéra nécessaire de procéder au

---

[143] E. Fougère, *op. cit.*, p. 16
[144] *id., ibid.*
[145] *Id., ibid.*

recrutement par contrainte. Dès lors, la mobilisation ne pouvait plus se faire par paroisse mais sur le prélèvement d'un quota corporatif (artisans et boutiquiers). D'où l'utilisation massive, dès 1545, non plus des conscrits, mais plutôt des esclaves et des condamnés. On parla alors de forçats, de l'italien *forzati*, que l'on pouvait puiser surtout en Méditerranée, à Malte, Majorque, Alicante, Gênes, Livourne, Candie. Dans les navires où ils étaient affectés, ces forçats avaient une posture toute spécifique : ils étaient enchaînés sur leur banc, avaient le crâne rasé, et portaient, vissés sur la tête, une casaque et un bonnet rouge ou vert.

En France, il fallut attendre le XVIIe siècle pour assister à la formalisation, dans son utilisation, de ce régime des galères ; ce fut l'œuvre d'un certain nombre d'hommes politiques, parmi lesquels l'on trouve en première place, Richelieu et, après lui, Mazarin, Charles IX, Louis XV... Sous la régence de ce dernier, en lieu et place des esclaves, des misérables, des indésirables, des déclassés sociaux, des « blessés de la vie », des condamnés ; en gros, de tous ceux qui constituaient la lie de la société, qui jusqu'alors étaient la « main-d'œuvre » par excellence, les éléments constitutifs des forçats auxquels il était de bon aloi de recourir pour ces tâches viles, celles de « galériens » -on parlait aussi de « chiourme », et ceux qui avaient la charge de veiller sur eux, de « garde-chiourme »-, une réforme d'importance eut lieu en 1748 : les « galériens traditionnels » furent officiellement remplacés « par les condamnés du bagne »[146].

Le bagne prit alors la connotation d'un lieu d'enfermement pour condamnés, un espace carcéral ouvert à un type particulier de prisonniers ; non pas ceux de droit commun, qui avaient commis des délits classiques, courants, -vol, assassinat, violence et voies de fait-, mais plutôt ceux d'une extrême gravité pour l'ordre social établi, en ce qu'ils le touchaient au plus profond de lui-même, et présentaient le risque de le déstabiliser et de le ruiner dans ses fondements. Ces hommes appelés à aller au bagne, étaient de divers genres : criminels, opposants politiques, récidivistes, prostituées, ecclésiastes en rupture

---

[146] *id.*, p. 16

de ban ; en gros, des déclassés sociaux ! Il s'agissait donc de personnes qui avaient posé des actes graves et fortement dommageables pour la stabilité de la société.

… Pour prisonniers politiques dangereux

Les résistants africains, autrement dit ceux qui habitaient l'Afrique, qui étaient originaires du continent et qui avaient osé s'opposer de tout leur long à la politique expansionniste de la France dans ses colonies, en étaient. Dans toutes les parties du continent, leurs noms restent inscrits en lettres d'or dans les Annales de l'histoire : au Gabon, ils s'appelaient Mavouroulou ma Nziengui *alias* Nyonda Mam' kita, Mbombè-A-Gnangè, Emane Ntole, Ntole Emane, Wongo, Nzagou Dikakou (et non Dikako) *alias* « l'oiseau » ; au Soudan, il avait pour nom l'almamy Samory Touré ; au Sénégal, c'était Cheikh Ahmadou Bamba Mbacké ; au Danhomè, il s'agissait de Dossou Idéou (et non Yedeon), Aja Kpoyizoun, etc. N'avaient-ils pas bravé l'autorité de la France et porté atteinte à ses intérêts ? N'avaient-ils pas poussé leur « morgue », leur outrecuidance, jusqu'à tenir tête aux troupes françaises, jusqu'à mettre leur pouvoir en péril, alors qu'ils représentaient une société qui avait fondé son destin sur la conviction d'être le socle des lumières, d'être porteuse de civilisation et de vérité ? Ils étaient dangereux.

Mais qu'on ne se méprenne pas ! Ces résistants africains faisaient suite à leurs braves et farouches ascendants, ceux qui, des siècles auparavant, avaient pris le parti de faire face, avec une redoutable férocité, à l'autorité romaine en Afrique du Nord : Jugurtha et, quelques siècles après lui, sous le règne de l'Empereur Tibère, Tacfarinas. Tous les deux tinrent tête, réussirent à faire se coaliser autour de leur action leurs congénères, mais au final ils ne purent résister contre les légions romaines, lourdement armées et surentraînées. Après avoir bénéficié d'une coalition certaine des leurs, convaincus de la justesse du mouvement qu'ils incarnaient, ils furent aussi victimes de la division intervenue en leur sein, car les Romains avaient su appliquer à l'égard des uns et des autres, le principe du *divide ut regnes*, divise pour que tu règnes. L'un finit dans les froides geôles de Rome, l'autre fut passé par le fil de l'épée !

À cette époque, les Romains, condescendants, fiers et sûrs d'eux-mêmes, convaincus qu'ils étaient porteurs de valeurs universelles, qu'ils véhiculaient la civilisation, les avaient considérés comme des bandits de grand chemin, auxquels ils avaient affublé le qualificatif dégradant de *latrones*, avec ce qui en découlait de rétrograde, *vagabonds*. Plusieurs siècles plus tard, leurs ascendants, placés devant l'autorité coloniale, cette fois française, n'étaient pas mieux jugés ; ils étaient, eux aussi, des bandits de grand chemin, des irréductibles opposants à l'œuvre coloniale, œuvre qu'ils savaient être salvatrice pour le Noir, pour un indigène, par essence inférieur car vivant dans la pétulance et la barbarie, positive, car étant la seule à même de le conduire vers des lendemains enchanteurs, vers un destin rieur. Dans la logomachie occidentale, il n'y avait point de doute : c'étaient des criminels, des déclassés, des personnes qui méritaient d'être momentanément éloignées de leur terroir, de leur zone d'influence, pour ne pas gangréner cet univers et l'infester, pour ne pas déstabiliser toute la zone d'influence française. Une peine alors les frappait, la déportation, « mesure associant l'éloignement géographique à la sanction pénale »[147]. Ils étaient dirigés vers des bagnes coloniaux, espace carcéral institué par la loi du 30 mai 1854 qui était initiée par Napoléon III et qui portait création de bagnes coloniaux, dont ceux de la Guyane et de la Nouvelle Calédonie ; un dispositif législatif que renforcèrent la loi du 23 août 1793 et le décret du 5 frimaire an II qui organisaient la déportation en Guyane des prostituées, députés et prêtres réfractaires, mais aussi le décret du 27 juin 1848 qui recommandait « de débarrasser la métropole de ses éléments politiques dangereux » et, pour couronner le tout, le décret du 1er décembre 1887.

Ces propos du Gouverneur général de l'AEF qu'avait au préalable consulté le ministre des colonies, Albert Sarraut, avant de faire suite à une demande de libération introduite par les partisans de Léon Mba auprès du président de la République française d'alors, Albert Lebrun, en dit long sur ce sentiment que nourrissaient les

[147] E. Fougère, *op. cit.*, p. 35

autorités coloniales vis-vis de ceux qu'elles condamnaient et transféraient dans un bagne ; suivons-le :

Par borderau n°49 en date en date du 12 juillet (1932) vous avez bien voulu me faire parvenir pour examen et avis, copie d'un télégramme adressé le 30 juin par « un groupe de Pahouins » au Président de la République en vue d'obtenir la remise de sa peine à l'ancien chef de tribu Léon Mba. En réponse, j'ai l'honneur de vous préciser ci-après les raisons pour lesquelles l'indigène dont il s'agit a été condamné par le tribunal de l'Estuaire... L'enquête ouverte à son sujet a d'autre part établi que Mba était un correspondant actif des organismes communistes. Vous me l'aviez vous-même signalé par D.M. secrète du 18 mai 1932, comme un propagandiste à surveiller étroitement... En conséquence afin de soustraire Lon Mba et son complice à un milieu où ils garderaient quelques influences du fait de leurs fonctions antérieures, j'ai décidé, par arrêté en date du 28 mai 1932, sur la demande du Lt-Gouverneur du Gabon, de les transférer dans l'Oubangui-Chari pour y subir leur peine, et ai prescrit au Lt-Gouverneur de cette colonie d'exercer sur eux une surveillance active. ... Il s'agit en l'espèce d'un individu mi-évolué, profondément hostile à la cause française qui a récompensé la confiance mise à lui par l'administration locale en détournant une partie des fonds qui lui avaient été remis en considération de ses fonctions et en entretenant parmi ses administrés une propagande anti-française de nature à mettre la sécurité publique en jeu... Sa condamnation et son transfert dans un milieu réfractaire à son influence constituent des décisions équitables et nécessaires sur lesquelles il serait tout à fait inopportun de revenir.

Pour être tenus en respect, un et un seul lieu leur était donc destiné : le bagne ! Cet espace portait aussi le nom de pénitencier. Certains administrateurs coloniaux parlaient de « lieu de résidence obligatoire »[148]. Ceux qui y étaient incarcérés étaient des *bagnards*, des *forçats*, des *exilés*, mais aussi des *déportés politiques* !

Pour nous rendre compte de l'importance que les autorités coloniales accordaient à cette nécessaire réclusion, référons-nous en, une fois encore, à ces propos tenus sur nos deux déportés politiques

[148] Cas de Paulet, Gouverneur général de l'Afrique équatoriale française, dans une correspondance datée du 31 octobre 1911, en réponse à une correspondance datée du 20 septembre 1911 et ayant trait à la demande de remise de peine du déporté politique Dossou Idéou (et non Yedeon)

gabonais, Léon Mba et Yves Endamne, arrêtés le 16 juillet 1931 par le Lieutenant-Gouverneur du Gabon, Jean Marchessou, au Gouverneur-général de l'AEF, avant d'être acheminés en Oubangui-Chari, et plus exactement à Bria, par le paquebot Foucault, le 29 juin 1932 :

> *Par lettre du 25 août 1931, mon prédécesseur vous rendait compte de l'incarcération le mois précédent de deux chefs des plus importants regroupements pahouins de la région de Libreville, Léon Mba et Yves Endamne, pour motif d'une gravité exceptionnelle. Dans l'intervalle, l'un d'eux, Yves Endamne, réussissait à s'évader. Après de longues et difficiles recherches, il vient d'être repris. Ces deux détenus ont encore à accomplir plus de deux ans de détention à la prison de Libreville. Mais leur présence au chef-lieu risque d'entraîner des difficultés. Je vous ai déjà tenu au courant de la situation politique de la circonscription de l'Estuaire. Cette situation est due en grande partie à Léon Mba et Yves Endamne. Malgré la surveillance dont ils sont l'objet, ces deux détenus ont encore des intelligences avec l'extérieur. Il convient par suite de les éloigner de Libreville et du Gabon. J'ai l'honneur en conséquence de vous demander de vouloir bien autoriser le transfert de ces détenus dans une prison, celle de BRIA par exemple, dans l'Oubangui-Chari, où les risques d'évasion seraient nuls. Dans le cas où cette demande serait prise en considération, je vous serais très reconnaissant de vouloir bien m'en aviser afin de me permettre de les diriger sur Pointe-Noire par le prochain courrier...*

N'étaient donc dirigés vers ces espaces que ceux qui avaient subi une lourde condamnation. C'était donc une condamnation spécifique.

Une *peine coloniale* pour une prison coloniale

Mais aussi une *peine coloniale* pour une prison coloniale ! Et pour cause : bien avant la mainmise de l'autorité coloniale française qui y appliqua son ordre juridictionnel dans toute son entièreté, selon les normes de droit qu'elle avait conçues, cette peine n'existait nullement ; elle ne faisait donc pas partie de l'échelle des peines que les organes juridictionnels africains en général et gabonais en particulier se devaient d'appliquer. Un exemple suffit pour le démontrer : la colonie du Gabon. Dans cet espace, en effet, l'organe de juridiction, par excellence, n'était-ce pas le chef de village, qu'assistait l'assemblée des sages, parmi lesquels figuraient le chef de clan et le chef de tribu ? Suivant la communauté culturelle à laquelle il appartenait, on le dénommait différemment : *Fumu* chez les *Bapunu*, *Bisir*, *Bavungu*, *Rengondo* ou *Ôga*, chez les Orungu et les *Nkomi*, *Nkani* chez les *Atégé-Ambaama*, *N'va bot* chez les *Fang*, *Kumwa Mbanja* chez les *Akèlè*, *Kumwa Tsèngue* ou *Nga bula* chez les *Nzèbi*. Le chef de village était l'autorité principale ; il était au-dessus d'une communauté humaine constituée de plusieurs centaines ou de milliers d'âmes ; il était un homme d'un certain âge, un « ancien », autrement dit une sorte de *géronte*, qui bénéficiait d'une réelle considération parmi les personnes qui se trouvaient sous son autorité ; il était un chef de famille, époux, père et grand-père, parfois arrière-grand-père aimable, juste, attachant et attentionné vis-à-vis des siens ; il avait une ascendance nombreuse, qu'il avait réussi à élever et à en faire des hommes et des femmes prospères ; il était un membre d'un clan respecté, qui s'imposait parmi les autres ; non seulement il maîtrisait toutes les règles de fonctionnement qui régissaient la société, mais encore il était pétri de sagesse ; il était un homme courageux, audacieux, éloquent, parfait connaisseur de l'histoire du droit coutumier, de son lignage, de son clan ; il était aussi tempéré, avait de l'aura ; toutes choses qui en faisaient un « homme à part », le parfait *primus inter pares*. Il était alors investi de l'essentiel des pouvoirs : pouvoir politique, pouvoir judiciaire, pouvoir religieux. Il pouvait sur cette base voter les lois, rendre la justice, et donc conduire tous les procès qui avaient lieu, soit « au corps de garde » soit « tout simplement au domicile du chef, compte tenu du caractère sensible de certaines affaires »[149].

À cet égard, une panoplie de sanctions étaient prises à l'encontre de tous les contrevenants à l'ordre social, à tous les fauteurs de trouble, mais à aucun moment n'existait ce type de peine. Suivons, pour le comprendre, Sydney Ibinga, qui parle de ce qui se passait chez les *Bavungu* :

---

[149] R. Mickala Manfoumbi, « La justice chez les Punu » in *Palabres*, N°4 - 2010, p. 225

Les voleurs étaient trainés dans tout le village presque nus. Ils étaient simplement vêtus d'une feuille de bananier en lambeau. Autour de la taille, on accrochait des escargots, des mille pattes, des chenilles... on les emmenait devant toutes les habitations du village qui criaient sur eux. Chacun à tour de rôle venait les accuser d'être les auteurs de la disparition de leurs poulets, moutons, etc. Après cette étape, on les faisait asseoir au milieu de la grande place du village où tout le monde venait leur verser au corps toute sorte d'ordures. [150]

Chez les *Bapunu*, la tonalité de ces sanctions était pratiquement la même :

Les sanctions note à cet égard Roger Mickala Manfoumbi *variaient en fonction du délit. Elles se limitaient soit à une confession assortie d'un pardon, de l'engagement de ne plus recommencer, soit à des conseils soit à des supplications, soit à un dédommagement ou à des réparations d'ordre matériel et à des amendes.* [151]

C'est seulement en cas de récidive qu'était appliquée la peine la plus lourde, la peine maximale, celle qui apparaissait comme une atteinte grave à l'ordre établi : soit « la peine de mort », « l'élimination physique », mais que « les sociétés initiatiques se chargeaient »[152] d'exécuter, soit « la loi du talion »[153]. Dans cette série de peines n'existait donc pas l'enfermement, encore moins la condamnation au bagne ! Ce que précise Sydney Ibinga en ces termes :

La prison, aussi bien dans sa forme que dans sa pratique, n'était pas connue des sociétés africaines et notamment celles du Gabon. Des formes d'enfermement comme la mise en fer étaient certainement utilisées par ces sociétés. Mais la prison, au sens propre du terme n'existait pas. [154]

---

150 *Justice coutumière : de la période précoloniale à 1998. Une contribution de l'histoire de la justice au Gabon*, mémoire de Maîtrise d'Histoire, 2010, p. 47
151 *Op. cit.*, p. 227
152 *Id.*, p. 228
153 *Id.*, p. 229
154 *Op. cit.*, p. 46

Monsieur le Pr. Dominique Ngoïe-Ngalla qui a abordé cette question dans une étude consacrée à l'existence du carcéral dans l'Afrique précoloniale, est d'ailleurs plus net ; l'Afrique, avant le *rush* colonial, ne connut pas l'enfermement ! Ses propos sont sans équivoque :

Si l'existence de l'enfermement à des fins religieuses ou d'initiation à la vie est attestée en Afrique noire précoloniale, en revanche, celle du carcéral comme mode de gestion des peines ne l'est pas... [155]

Et comme s'il se voulait davantage explicatif, il apporte en complément de sa thèse, un certain nombre d'éléments supplémentaires qui permettent de saisir les ressorts de l'inexistence de cette situation :

Le carcéral ne semble pas une création de primitifs vivant au rythme de la nature... Selon toute vraisemblance, des considérations proprement humanistes... et une organisation de la société fondée jusqu'à nos jours sur la structure lignagère et la familia, au sens où l'entendait l'Occident médiéval, loin de tout contrôle politique ou administratif, retardèrent... l'invention d'institutions et de pratiques par lesquelles, pour expier ses fautes ou cesser d'être une menace dirigée contre la sécurité de ses semblables, l'homme se voit brutalement imposer des contraintes à sa liberté physique.[156]

Monsieur le Pr. Ngoïe-Ngalla ne s'arrête pas sur ces données. Car il ne se veut pas être superficiel ! Il prolonge sa réflexion et va au-delà des choses. Il présente ainsi les sociétés africaines du dedans, procède à leur introspection, et montre ce qu'elles avaient dans leurs *entrailles*. Suivons-le dans cette démonstration :

C'est déjà assez que l'espace dans lequel l'homme vient au monde et vit soit enfermé. Les libertés des membres du groupe ne sont, en effet, garanties qu'à l'intérieur des limites du territoire de ce groupe. Hors de là, sauf arrangements entre voisins ou partenaires commerciaux, ou entre groupes de parentèles fondées ou mythiques, l'homme libre sans sauf-conduit s'expose à son statut d'homme libre, par la capture et la réduction en

---

[155] « L'hypothèse de l'inexistence du carcéral dans l'Afrique précoloniale : quelques pistes de recherché » in Fl. Bernault (dir.,), *op. cit.*, p. 67
[156] *Id., ibid.*

esclavage... Dans ces sociétés où l'unité d'habitation est composée de parents et de leurs alliés, on n'enferme... pas un homme... [157]

Interrogé sur le sujet, Abraham-Zéphyrin Nyama, qui a eu l'opportunité d'aborder cette question tout au long de ses recherches doctorales et post-doctorles, est resté, lui aussi, sans détour. Fortement inspiré, il s'est étendu sur la question, nous fournissant des détails de prime importance :

S'il est risqué d'affirmer de façon absolue l'inexistence de prisons dans les sociétés précoloniales gabonaises, particulièrement celles du sud, il reste également que certaines réalités poussent à douter de leur existence. La prison est un lieu où l'on enferme un individu qui a commis un acte condamné par la société, elle est une punition. Son fonctionnement nécessite la présence d'un ou de plusieurs gardiens. Selon les situations, elle peut être une maison de redressement ou une habitation définitive (cas des condamnés à mort). Quelles raions auraient conduit nos anciens à sanctionner un coupable d'emprisonnement au lieu de recourir aux procédures judiciaireshabituelles ? Nous n'en connaissons aucune. Dans ces sociétés, un fait reconnu grave connaissait un épilogue dont l'un des objectifs était une disparition rapide de traces. Vu que l'honneur avait une grande valeur, pour le rétablir, il fallait se débarraser e ce mauvais grain d'une façon ou d'une autre, par un moyen ou un autre. On pouvait envoyer le coupable en esclavage dans une autre communauté ethnique, clanique ou villageoise, on pouvait le bannir et le chasser du village, on pouvait aussi organiser sa disparition physique, le trucider. Ce projet macabre était réalisé au cours d'une partie de chasse, lors d'un voyage de traite entre l'hinterland et la côte dans lequel il pouvait être sollicité comme porteur. Cet individu pouvait également disparaître dans le cadre de la célébration d'un rite (cas du mungala ou du muiri). Outre la disparition du coupable à partir d'une agression physique, nous pensons que nos anciens ont pu se servir de leurs pouvoirs mystiques à effet rapide pour attaquer et mettre fin à la vie des hommes coupables d'actes graves dans la société [158]

C'est donc seulement quand l'homme blanc arriva sur ces terres, s'en passa maître et réduisit l'espace qu'il avait conquis et colonisé au point d'en faire l'appendice de la Mère patrie, de la

---

[157] *Id.*, pp. 67-68

[158] Entretien du 8 juin 2013

métropole, que cette notion d'enfermement, qui avait déjà fait florès dans cet espace métropolitain, fut transplanté en Afrique. Sa culture et sa civilisation s'implantant en ces lieux, il était normal d'y véhiculer son mode de gestion juridique. C'était donc un instrument de son expansion. Le point de départ de cette transplantation est à chercher aux alentours du XVIe siècle, et plus spécialement l'année 1500, quand « furent aménagés dans les forts européens des côtes, de Gorée à Elmina », des « geôles et des lieux de sûreté, des cachots de garnison tournés principalement vers l'incarcération des militaires et traitants »[159]. Puis il fallut attendre le XIXe siècle pour voir « l'Afrique centrale et australe, là où se développ(a) au milieu du XIXe siècle l'industrialisation née du diamant, de l'or et de la subordination en masse d'une main-d'œuvre africaine »[160] pour assister à l'explosion de ce type d'espace carcéral. D'ailleurs, n'est-ce pas au cours de ce même XVIIIe s. qu'une législation sur le bagne colonial fut mise en place, s'ajoutant aux autres ? Dès lors, l'Afrique francophone, tant occidentale qu'équatoriale, allait faire face à une réalité, jusqu'alors inconnue, et qui ne se trouvait pas du tout intégrée dans son mode de fonctionnement et de vie : les bagnes. En Afrique occidentale française (AOF) il en fut ainsi, entre autres, de Grand Bassam en Côte d'Ivoire et en Afrique équatoriale française (AEF), de Bambari et de Bria en Oubangui-Chari (actuellement Centrafrique), et de Libreville, Loango et Ndjolé, au Gabon. Une question, alors, se pose : pourquoi Ndjolé et quel était le destin de ceux qui s'y trouvaient déportés ?

---

[159] Fl. Bernault, « De l'Afrique ouverte à l'Afrique fermée : comprendre l'histoire des réclusions continentales » in *Enfermement, prison et châtiments en Afrique. Du 19e siècle à nos jours,* pp. 15-64

[160] *Id., ibid.*

Carte 3 : Le bagne de Ndjolé, *l'île Samory*[161]

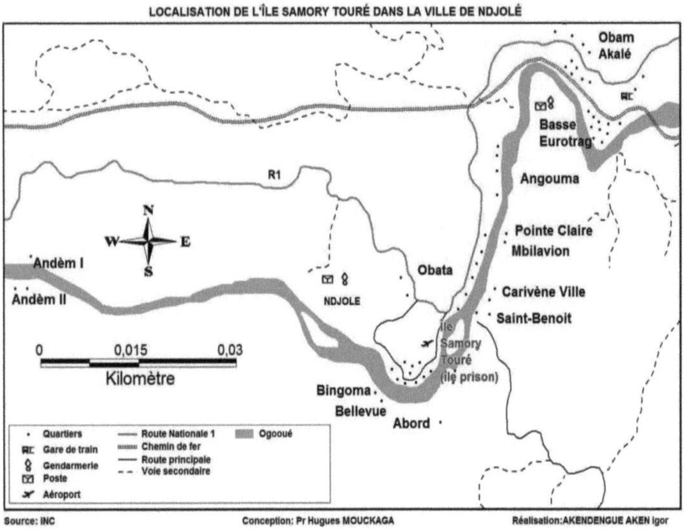

[161] Cette carte ne date pas de notre époque d'étude ; elle a été réalisée à partir des données récentes, ce qui fait apparaître une configuration inexistante pour l'époque ! Quà cela ne tienne, on y voit, représenté, le bagne. Il est ceinturé par l'Ogooué.

Photo 25 : Vue sur ***l'île Samory***[162]

(Prise de vue par l'auteur)

[162] On est sur la rive droite : c'est l'embarcadère ou le débarcadère (c'est selon). En face, se pointe l'île. On remarquera sur cette île, des bancs de sable ; une situation qui ne pourrait surprendre ; c'est la grande saison-sèche ! On observera aussi la forêt qui noie l'espace : pour rallier l'île, une seule solution existe : emprunter une barque ! Une activité lucrative pour les quelques « piroguiers » qui s'y livrent.

Photo 26 :

Traversée de l'Ogooué vers *l'île Samory*, *l'île-prison*

(Prise de vue de l'auteur)

Photos 27 et 28 :

L'île-prison en période de grande saison sèche[163].

(Prise de vue par l'auteur)

[163] Elle est parsemée de roches et de sable. La raison en est simple : il ne pleut plus ! Le fleuve Ogooué connait alors une décrue ! Cette situation dure de la mi-mai (15) à la mi-août (15), soit trois mois.

Photo 29 :

Sur *l'île–prison*[164]

(Prise de vue de l'auteur)

Une *île prison*

Ainsi conçue, cette *île-prison* était un lieu d'enfermement, une forme d'isolat. Située au milieu de l'eau, en l'occurrence l'Ogooué, le plus grand fleuve du Gabon, long de 1200 kms, elle donnait le sentiment de sûreté et de sécurité car elle était placée en un lieu large, sans limite, qui n'avait pas de bornes, de largeur, et sur lequel même la mobilité était limitée, réduite.

Contrairement à l'espace européen, où des bagnes avaient été installés, cette île n'était pas au milieu de la mer, elle n'était pas au milieu des flots, elle n'était pas bercée par les vagues, mais il n'empêche ! L'effet était le même : celui de la largeur, de l'étendue,

[164] De l'île, on a une vue sur la rive droite ; l'espace est parsemé de rochers et de sable. On peut alors s'y promener aisément.

de l'infinitude. Le bagne était bordé par un espace étendu, il était au milieu de l'eau. Les vagues ne venaient pas s'abattre sur le rivage, avec rage et violence, mais il y avait la brise des eaux et les discrètes vagues du fleuve. Cette île constituait donc un microcosme à elle seule et un univers clos, qui vivait fermé sur lui-même, recroquevillé sur ses réalités. Eric Fougère parle à juste titre d'une « idéologie pénale qu'on p(ouvait) résumer par l'imbrication d'un programme politique (éloigner), économique (exploiter), utopique (régénérer) »[165]. Il ajoute d'ailleurs ce qui suit : « Il y va, par la distance, par l'isolement, par l'autarcie, d'un imaginaire où l'insularité garantit les critères idéaux d'une prison. »[166]

Certes, il fut un temps où les bagnes obéissaient à un effet de peuplement. Et c'est encore Eric Fougère qui rapporte ce fait qui eut lieu au XVIe siècle, le 17 janvier 1541, plus exactement :

François Ier nomm(a) un gentilhomme du Languedoc, Jean François de la Rocque, seigneur de Roberval, à la tête d'une campagne de colonisation du Canada (région du Québec) et d'Ochelaga (région de Montréal). Le projet v(enait)d'une initiative de Jacques Cartier, qui ambitionn(ait) de repartir pour une troisième expédition. Revêtu du titre et de ses fonctions de maître pilote des prisons, le Malouin f(it) lever l'ancre à une flotte de cinq navires... emportant huit à neuf cent candidats pour l'expatriation le 23 mai 1541. Parmi ces passagers figur(aient) ces criminels extraits de prison par le parlement de Normandie.[167]

Une réalité qui s'appliqua aussi pour la colonisation du Brésil :

Renouant avec une tradition qui remont(ait) à Christophe Collomb, le responsable du voyage, Nicolas Durand, chevalier de Villegagnon, reç(ut) d'Henri II l'agrément de recruter dans l'élément pénal (principalement vagabonds et faux –sauniers) une partie des six cents hommes avec lesquels il

---

165 *Op. cit.*, p. 47
166 *Id. ibid.*
167 *Op. cit.*, p. 49

compt(ait) jeter les bases d'une colonie pour ce qu'on appell(ait) alors la France antarctique.[168]

Mais ici, dans cette ville de Ndjolé, dans cet univers équatorial, les réalités étaient différentes ! Elles étaient d'un autre genre ! Les prisonniers étaient là, non pas pour peupler la ville, pour permettre à cet espace de se densifier humainement, de connaître un flux humain massif, mais pour se régénérer ! Ils avaient été déportés, l'on dirait « déployés » pour purger leur peine ! Ndjolé était donc un lieu de déportation idéal pour condamnés lointains, pour personnes indésirables, celles dont voulait se débarrasser la France.

Un cadre idéal pour la déportation des condamnés originaires de la communauté française

Comment pouvait-il en être autrement ? Ndjolé n'était pas un lieu anodin, un cadre fade, sans aucun intérêt. Il avait une position centrale aussi bien dans la vie locale que dans la vie nationale. Joseph Ambouroue-Avaro le précise d'ailleurs si bien en ces termes :

C'est le point de rencontre de plusieurs régions actuelles de la forêt équatoriale. C'est la zone de transition entre la forêt et la plaine... Ndjolé est à 300 kms de la mer... (Sa) vocation commerciale... a été la cause de l'asphyxie du Cap Lopez et de Lambaréné à partir de 1885... Des stations créées... par Brazza et ses compagnons, Ndjolé est la première et la plus importante... C'est un atelier d'emballage ; c'est la caisse où l'on paye des nuées de pagayeurs ; c'est en même temps le bureau d'un comptable chargé de faire les lettres de voiture des convois, tous les états et les inventaires qu'il doit envoyer à époque fixe à la comptabilité centrale. [169]

Comme s'il se voulait être davantage précis, il apporte ces indications supplémentaires :

C'est à Ndjolé que tous les produits destinés aux stations du haut fleuve sont remaniés selon leurs auteurs et leur destination. Vivres frais,

---

[168] *Id.*, p. 51

[169] *Un peuple gabonais à l'aube de la colonisation. Le Bas-Ogooué au XIX*[e] *siècle*, Paris, Karthala, CRA, 1981, pp. 244-245

étoffes, liquides ont un emballage spécial qui assure leur bon état...Ces colis sont ensuite confiés aux pagayeurs. [170]

Le bagne qui s'y trouvait n'était donc pas situé dans n'importe quel cadre. Aujourd'hui la ville est à 200 Kms de Libreville, la capitale administrative et politique du pays, et peut être ralliée par voie terrestre en trois heures ou par voie ferroviaire en deux heures. Il en était autrement pour l'époque ! C'était la voie fluviale. C'étaient les navires et les pirogues. Y étaient orientés les prisonniers qui étaient originaires de la communauté française. Ce n'était nullement un lieu féérique, un paradis, une prison paradisiaque, où l'on pouvait mener la *dolce vita*, la vie de *farniente*, mais elle n'avait aucune commune mesure avec les autres bagnes qu'a connus l'Afrique, *Robben Island* ou Tazmamart, ou que la France avait toujours utilisés pour interner ses déportés dans la Métropole ou dans les Départements ou Territoires d'Outre-Mer. Les prisonniers qui avaient été retenus pour y résider, le temps de leur peine, ne savaient pas quel site les attendait, mais au final ils étaient dirigés vers un site particulier, qui présentait, certes, un certain nombre d'inconvénients, mais qui avait quelques commodités.

Les documents d'archives que nous avons consultés ne nous ont pas permis de nous situer exactement sur la date à laquelle arrivèrent les premiers d'entre ces prisonniers sur cette île ni quelle était leur identité. Mais nous pouvons supposer que l'Almamy Samory Touré fut le tout premier d'entre eux à en fouler le sol car l'histoire nous apprend qu'il arriva dans ce bagne en 1898, autrement dit l'année même où cette infrastructure fut fondée. Il était originaire du Soudan. Il avait foulé le sol de Libreville avant d'être transféré à Ndjolé en cette année 1898, en provenance de Saint-Louis (Sénégal). Depuis 1882, il avait fait la guerre aux troupes coloniales françaises. Grand résistant, il avait combattu avec énergie le colonisateur français, lui avait tenu la dragée haute, avant d'être arrêté par les hommes du Général Gouraud. Dans cette lutte, il était parvenu à éliminer de nombreux militaires français et avait tenu, par conséquent, et ce pour la première fois, tête à la France, cette France impérialiste

---

[170] *Id.*, p. 246

et conquérante, qui tenait par-dessus tout à imposer son ordre et sa loi partout où elle avait mis les pieds. Par son intransigeance, son tranchant et son caractère irréductible, par son charisme et sa ténacité, il faisait ainsi partie de cette catégorie de résistants criminels qu'il lui fallait éliminer ! Pour la France, ce n'était pas un héros, c'était plutôt un hors-la-loi, un criminel, un bandit de la pire espèce. Il n'avait pas été condamné pour exercer sa peine à Libreville où, et pourtant, un bagne avait été ouvert, par la France, en 1887, et avait accueilli 96 annamites aux fins de faire de cette colonie une zone de prospérité, par le développement de légumes pour l'alimentation des administrateurs coloniaux, mais aussi par le développement agricole, industriel et commercial de la colonie et ce par le truchement d'éléments jugés dangereux pour la Métropole.

Ce fut aussi Ago-li-Agbo, le dernier roi du Danhomey (*Danxomè*). Intronisé par les Français, le 29 janvier 1894, il était le fils du Roi Glèlè et de la Reine Mère Agonnoutou (ou Nan kanneyi). Il avait été précédé par d'autres souverains illustres : Hwegbaja (1645-1685), Akaba (1685-1708), Tasi Hangbé (1685-1711), Agaja (1711-1732), Tégbésu (1732- 1774), Kpingla (1774-1789), Agonglo (1789-1797), Adandozan (1797-1818), Gézo (1818-1858), Dèlèlè ou Glèlè (1858-1889) et Gbèhanzin (1890-1894). Il resta au pouvoir de 1894 à 1900. Monsieur le Pr. Jérôme C. Alladayè, apporte ces précisions de taille à son sujet :

> *… Son petit nom (était) Hlo Jèvivi… Ouvert et jovial, (il) fréquentait les jeunes paysans dans les travaux de construction et de champ, séjournait des semaines entières dans les villages… Les jeunes qui l'admiraient pour son ardeur au travail, son sens d'organisation et son dévouement l'avaient surnommé Azogbadamasi, c'est-à-dire « celui qui ne craint pas les travaux difficiles…* [171]

Du fait des contradictions profondes avec l'administration locale, il fut détrône par l'arrêté du 18 février 1900, la royauté ayant été abolie par arrêté du ministre des colonies en date du 12 février 1900. Il fut alors déporté au Gabon pour de « multiples

[171] *Fresques Danxoméennes*, Cotonou, Flamboyant, 2008, pp. 103-104

emprisonnements dont la preuve n'a jamais été faite ni même recherchée ». Dans son exil, il était accompagné de l'un de ses fils, Ahliha, et de deux de ses épouses, Fifame et Adjodehoue, qui donnèrent naissance pendant l'exil à trois garçons : Agbani Gaston, Foutoudjehoungbe et Tohou. Après dix (10) ans de déportation, il fut gracié, avant d'être rapatrié par l'arrêté du 22 juin 1910 signé par le Gouverneur-Général William Ponty puis placé en résidence surveillée dans la ferme d'Adi à Save.

Ce fut aussi Cheikh Ahmadou Bamba Mbacké, chef des Mourides, déporté en provenance du Sénégal. Condamné à l'internement au Gabon par le Conseil privé de Saint-Louis, il arriva à Libreville à bord du paquebot Ville –de Pernambouc ; il y passa trois mois avant d'être transféré à Mayumba puis à Lambaréné. Traduit au tribunal militaire de Ndjolé pour agression volontaire, il fut acquitté, avant d'être ramené à Lambaréné, où il fut gracié en 1902 et autorisé à regagner le Sénégal.

Ce furent aussi Amadou Fall et Miokhor Diouf, d'origine sénégalaise, qui furent déportés en 1904 et en 1906, Amangona et Mombo, qui arrivèrent avec ce statut en provenance de Côte-d'Ivoire en 1902, Dossou Idéou et Aja Kpoyizoun, qui vinrent du Danhomè (*Danxomè*) en 1900, Kakou, qui intégra le bagne car condamné en Côte d'Ivoire en 1906, mais aussi un Tchadien, Mohammed, et un Annamite, Li-Van Souan ; soit au total une dizaine de détenus. Pour les Gabonais, c'étaient tous des Danhoméens *(Danxoméens)*, autrement dit des gens issus du Danhomè *(Danxomè),* ce qui est une extrapolation car comme nous venons de le voir, leurs nationalités étaient différentes.

Parmi ces pensionnaires de Ndjolé, aucun Gabonais d'ailleurs n'y figurait, ce qui pourrait surprendre à première vue car l'on sait que le Gabon fut aussi une terre de résistance et que beaucoup d'entre ces résistants furent arrêtés, eux aussi. Une explication à cela : ce bagne, tout comme celui de Libreville et de Loango, était destiné aux déportés d'autres pays, membres de la communauté française. À l'exception de quelques-uns,[172] les Gabonais devaient donc aller ailleurs, et c'est ce qu'ils firent. Parmi eux figurèrent : Emane Ntole, originaire de Ndjolé même, qui, opposant virulent à l'ordre colonial, fut capturé en 1902, avant d'être condamné aux travaux forcés et déporté, la même année, pour purger sa peine, tout comme son fils, Ntole Emane, à Grand-Bassam, en Côte-d'Ivoire, avant la libération et le retour de ce dernier à Ndjolé, en mai 1912 ; Wongo, le chef de terre de Mbeladi, le résistant wandji du pays de Lébani, le « chef de terre et de village de la circonscription des Adoumas, de la tribu awandji de la subdivision de Lastourville », qui avait mené la plus longue guerre contre les troupes coloniales dans le Haut-Ogooué (*Eta e Wongo*, fin 1927 -début 1930), avant d'être vaincu par Georges Le Testu et condamné à la réclusion perpétuelle puis déporté le 9 avril 1929, en compagnie de son second, Lisebi, en Oubangui-Chari, Mavouroulou ma Nziengui *alias* Nyonda Mam'Kita, Mbombè-A-Gnanguè, Nzagou Dikakou *alias* « l'oiseau », Léon Mba, condamné pour activisme et association aux communistes en 1931, tout comme une série de résistants originaires de Mocabe (dans la Nyanga)[173], qui furent l'objet d'une véritable rafle, le 20 octobre 1909 : Ditengo Dibouanda, condamné à 10 ans de déportation avant de revenir à la prison de Mouila où il décéda le 13 octobre 1910, Makanga Mouloungui, condamné à 4 ans d'exil, Mouana Taba, Badinga Guitou et Ilounigou, condamnés à 10 ans d'exil, Moguegui, Ngouassa Mounegui, N'Zassi Mouenga, Mousi Golo et N'goyo Mouguegui, condamnés à 4 ans

[172] Que l'on peut considérer comme des *déportés locaux ou internes : Diango Loemba, déporté politique, condamné par arrêté du 30 décembre 1909, détenu à Libreville, libéré le 5 septembre 1910, Ditengo Dibouamba, rebelle mocabe condamné à 10 ans de déportation dans l'Oubangui-Chari, décédé à la prison de Mouila le 13 octobre 1910, Makéto M'Goussou, chef de Yanga Téké, interné à Kango, interné politique (10 ans), arrêté du 9 juillet 1912, Ntole Emane, condamné et déporté politique gabonais en Côte d'Ivoire et revenu à N'djolé en mai 1912, Bombi Mondjo, chef Issogho de l'Ofoué – Ngounié, internement au Tchad prononcé par arrêté N°007B du 23 janvier 1913 pour une durée de dix ans, incarcéré à Mouila, en attendant la décision du Gouverneur Général, Nzao Manbana, notable indigène de la subdivision de Bongo condamné par arrêté du 7 février 1920 à l'internement politique pour une durée de 5 ans à purger à Makokou.*

[173] Ce village existe toujours et garde encore son appellation. Il est situé non loin de Moabi (encore appelé Moabi-Lung).

d'exil, aux quels s'ajoutèrent d'autres, qui furent déportés vers d'autres bagnes : « N'goua, chef pahouin de N'feli-n'zélé (Como) déporté en 1909 à Loango », « Fané Eko, chef pahouin condamné en 1910 et déporté à Brazzaville » ; « Bombi Mondjo, chef tsogho de l'Offoué-Ngounié interné au Tchad en janvier 1913 et ayant été interné à la prison de Mouila, en attendant son transfèrement par décision du Gouverneur Général ».

Mais quel itinéraire suivaient ces prisonniers pour rallier Ndjolé, au départ de Libreville ?

Planche 7 :

Libreville, point d'embarquement vers Ndjolé

(in G. Le Carpentier et R. Walter, *Facettes d'Histoire du Gabon,* Paris, Champs Elysées, 2000)

Carte 4 :

Vers Ndjolé : l'itinéraire

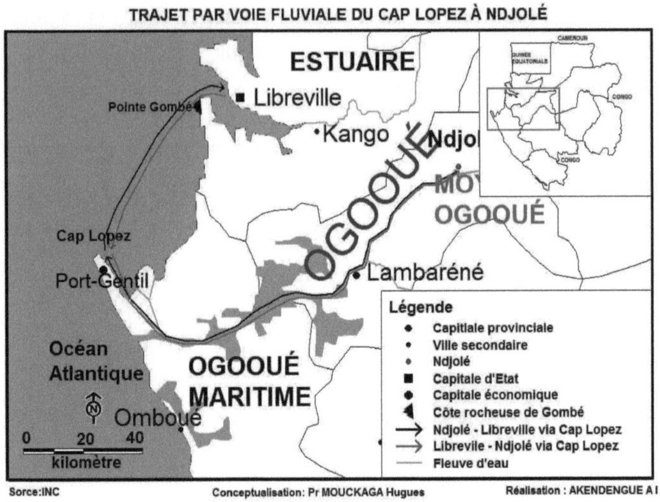

Pour partir de Libreville à Ndjolé, à une époque où seule la voie fluviale était le moyen de communication le plus en usage, même si des routes en terre, des pistes en réalité, entre Ndjolé et Bifoun étaient construites, il fallait emprunter la voie fluviale. Dans cette optique, quel mode de navigation était le plus en usage ? Les sources que nous avons consultées ne sont pas indicatives sur le sujet. En supputant, nous pouvons donc arguer que tout était fonction de la saison pendant laquelle avait lieu ce déplacement. S'agissait-il de la saison des pluies ou plutôt de la saison sèche ? Nous pensons que s'il s'agissait de la saison des pluies, période de crue et de fortes inondations, le bâteau seul pouvait suffire. Une pinasse également ! S'il s'agissait de la saison sèche, un navire et une pirogue pouvaient être utilisés, de manière alternative, en utilisant des escales. Mais il pouvait arriver que la pirogue seule s'imposât ! Outre les navires et les pinasses, n'est-ce pas ce moyen de déplacement qu'utilisaient beaucoup de ceux qui empruntaient l'Ogooué ?

En tout état de cause, le point d'escale le plus approprié était le Cap-Lopez, actuellement Port-Gentil. On l'appelait la subdivision des Oroungous. Ce site avait l'avantage de disposer d'une baie d'où l'ancre pouvait être jeté sur vingt brasses. Après quoi intervenaient, à défaut de la pinasse, et des autres navires, les pirogues, pour la suite du trajet, ce qui nécessitait des pagayeurs solides, des gaillards rompus à l'art de la rame, des hommes énergiques, infatigables, qui connaissaient tous les cours du fleuve ainsi que toutes les zones navigables. Ces hommes trapus étaient donc d'habiles experts ; ils étaient capables de savoir dans quelle direction orienter les pirogues, quelle cadence déterminer et quel rythme leur imposer pour arriver à destination dans les délais impartis. Pour ce faire, ils faisaient partie de convois, qui comportaient un certain nombre de pirogues, et choisissaient une période appropriée pour cette navigation : « de novembre à mai, à la saison des pluies »[174]. Passé cette période, que de bancs de sable ! Ils devaient alors être placés sous bonne garde, et s'entourer de gardes régionaux, que supervisait un sous-officier indigène. Ils allaient ainsi jusqu'à Lambaréné, où ils marquaient une pause, avant de poursuivre leur voyage jusqu'à Ndjolé.

Compte tenu des zones de turbulence qu'il fallait traverser pour arriver à bon port, surtout en saison des pluies, parce que le fleuve était en crue, ils embarquaient, inévitablement, non pas dans les *longongo*, pirogues utilisées pour naviguer sur les eaux calmes, les pagayeurs assis sur des bancs avec des pagaies moins longues, mais plutôt les *mboungoun*, grandes pirogues rapides à fond plat, très longues et effilées, dont les dimensions pouvaient aller jusqu'à 18 mètres de long sur 1 mètre de large, qui pouvaient transporter 25 hommes et 200 kgs de marchandises, qui avaient la capacité de franchir les obstacles variés, notamment les rapides dangereux et qui étaient conduites par de solides pagayeurs, tenus sur deux rangs et maniant chacun une pagaie d'environ deux mètres de longueur, et terminée par une palette arrondie. Comme lors du transport des marchandises européennes (papier, sel), des produits locaux (ébène, caoutchouc), des administrateurs coloniaux, des missionnaires, des commerçants ou des miliciens, ils devaient se relayer à certaines

[174] J. Ambouroue-Avaro, *op. cit.*, p. 246

étapes préalablement déterminées, ce qui prenait, en tout et pour tout entre 15, 30 ou 45 jours, pour boucler une étape aussi longue que Cap-Lopez -Ndjolé. Arrivés à destination, Ndjolé, ils restaient « quatre à cinq jours », en profitaient pour « percev(oir) les trois quarts de leur salaire (le quart ayant été perçu à la station de départ)... »[175], avant de repartir.

Planche 8 :

Le Cap-Lopez, lieu de transit

(in G. Le Carpentier et R. Walter, *op. cit.*)

L'arrivée et l'installation au bagne

Souvent, dans ce voyage fluvial, les déportés politiques n'étaient pas seuls ; des membres de leur famille, des proches, tout au moins, les accompagnaient. Il en fut ainsi de l'Almamy Samory Touré. Outre son épouse, en effet, il y avait son fils, Sarankènyi-Mori, et son griot, Morifi Dian. Il en fut de même de Aja Kpoyizoun, de Cheikh Ahmadou Bamba Mbacké et des autres. Ne dit-on pas qu'Aja

[175] *Id., ibid.*

Kpoyzoun « *était accompagné d'une personne de sa suite* »[176] ? Cette présence et cette proximité étaient inévitablement un mobile de réconfort ; non seulement elles permettaient aux pensionnaires de ne pas se sentir seuls tout au long du voyage, mais elles permettaient d'éviter toute forme de dépaysement. Car, ne l'oublions pas : c'était un voyage à l'étranger ! Un déplacement à risque ! C'était une sorte de saut dans l'inconnu ! Placés aux côtés des personnes connues, familières, qui avaient l'habitude de faire partie de leurs relations, ils se sentaient soutenus, encouragés, sécurisés ; ils étaient comme tenus par la main, réconfortés. Toute barrière qui aurait pu exister volait en éclats et leur offrait l'opportunité de se sentir à l'aise. Avaient-ils besoin de communiquer dans leur langue maternelle, de manière à entourer de confidentialité leurs propos ? Il n'y avait aucun problème à cela. Ils le faisaient sans retenue. Voulaient-ils exprimer un souci particulier, intime ? Voulaient-ils avoir un avis d'un homme sûr ? Rien ne les en empêchait : ils pouvaient s'exprimer dans leur langue maternelle. Ils étaient convaincus de ne pas être grugés, trompés. Ils étaient sûrs de ne pas être trahis, de ne pas être pris en défaut. Avaient-ils besoin d'un service spécifique ? Rien ne s'y opposait ; l'accompagnateur s'en occupait. Ainsi entourés, le temps de la navigation pouvait leur paraître moins long et moins risqué ! Le voyage pouvait s'avérer moins douloureux ! Quelle que fût la durée, ils pouvaient la supporter. Et ce d'autant plus qu'ils n'étaient pas entravés ! Aucune menotte ne leur avait été placée ni aux pieds, ni aux bras : ils étaient libres de leurs mouvements ! Seul signe qui montrait qu'ils étaient bel et bien des prisonniers et qu'ils effectuaient un voyage vers un espace carcéral : la présence, à leur côté, de gardes, les miliciens, l'arme au pied, qui avaient l'œil sur eux, comme pour leur rappeler qu'ils étaient sous bonne garde.

Dans le navire d'abord et la pirogue –éventuellement- qu'ils empruntaient, les déportés politiques étaient sûrement assis côte à côte ou les uns devant les autres. Ils n'étaient pas chargés. Car ce n'était pas un voyage d'agrément. Ils avaient malgré tout le minimum nécessaire, ce dont ils devaient avoir besoin pour leur quotidien et pour le déroulement de leur vie ! Étant entendu qu'ils étaient

[176] N.L. Gayibor, *Kpoyzoun, le résistant*, p. 10 doc. Inédit.

musulmans, pour l'essentiel d'entre eux, le chapelet, le coran, un petit tapis, éventuellement, pour la prière, et quelques vêtements, pouvaient constituer leur attirail. Avant d'embarquer, ils avaient pris soin de s'assurer qu'ils n'avaient rien oublié de tout cela, que tout était en bon ordre, en place. Aja Kpoyizoun, n'avait-il pas sa pipe ? Un outil de délassement de premier plan ! S'étant rendu compte qu'il l'avait oublié, il avait immobilisé le navire qui le conduisait au Gabon, son pays de déportation, pour en prendre possession.

Puis venait le grand départ. Le responsable de l'expédition avait au préalable pris la peine de s'assurer que tout le monde était là, que le groupe était au grand complet. Des provisions avaient été achetées, pour assurer l'alimentation tout au long du voyage, afin que personne ne meure de faim. Des quantités d'eau avaient été prises ; personne ne devait mourir de soif ou de déshydratation ! Ce voyage se faisait en trois étapes principales ; une première étape de Libreville au Cap Lopez, la deuxième étape du Cap Lopez à Lambaréné, et la troisième et ultime étape de Lambaréné à Ndjolé.

Le Cap Lopez s'appelait aussi « Cap Lopez Consalvo »[177]. C'était une baie. Elle était aussi considérée comme « une station sûre et commode »[178]. Les vaisseaux qui y stationnaient en partance pour d'autres destinations, en profitaient pour « renouveler leur provision d'eau et de bois »[179]. Pour cette étape, à défaut d'un navire, pouvait être empruntée une pinasse. Une fois parvenus au Cap Lopez, en fonction des saisons, les pirogues pouvaient prendre le relais pour les étapes suivantes. Les pagayeurs, *Enenga*, *Okande* ou *Oroungou*, ces professionnels en la matière, réquisitionnés pour la circonstance, étaient alors mobilisés et pouvaient prendre place dans leurs embarcations. Au préalable, ils s'étaient munis de leur attirail. Puis venait le temps du démarrage. Ils lançaient leur outil de transport, sur cet espace plane qu'était l'Ogooué ! Leurs pagaies battaient l'eau à un rythme cadencé ; la pirogue fendait l'eau et laissait derrière elle

[177] In « Une escale à Cap Lopez Consalvo » *Gabon Magazine*, N°5, juin 2008, p. 26
[178] *Id., ibid.*
[179] *Id., ibid.*

comme une sorte de boulevard qui se refermait aussitôt après. Tout au long du voyage, les pensionnaires continuaient à découvrir le paysage, l'environnement qui s'offrait à leurs yeux. Un fleuve large, qui s'étendait à perte de vue, et sur lequel glissaient parfois quelques pêcheurs à la recherche de poissons, et d'où émergeaient par endroits un hippopotame qui beuglait, parfois quelques poissons qui s'« envoyaient en l'air » : un paysage exotique ! Ils n'avaient rien vu de pareil par le passé ; ils étaient émerveillés ! Tout en fendant l'eau, la pirogue pouvait être amenée à tanguer, comme si elle était ivre ; alors ils prenaient peur, s'accrochaient au rebord de celle-ci, avant de se redresser et de se rassurer.

Puis venait l'accostage, à Ndjolé même, après de longs jours de voyage. Cet accostage n'avait pas lieu à n'importe quel endroit. C'était à l'île même, là où se trouvait le poste, mais également le bagne. Un point avait été aménagé, qu'utilisaient le chef de poste, et tous ceux qui s'y rendaient ou en revenaient. Un comité d'accueil existait-il ? Les anciens pensionnaires, étaient-ils avisés de l'arrivée des nouveaux ? Compte tenu du contexte de cette prison spéciale, non pas un bagne traditionnel, tel qu'on en avait connu ailleurs, en métropole, dans les départements et Territoires d'Outre-mer, la Guyane (Cayenne), la Nouvelle Calédonie, *Robben Island*, Tazmamart, mais plutôt un milieu ouvert, en forêt, dans l'espace équatorial, où les pensionnaires étaient amenés à vivre en toute convivialité, les uns proches des autres, cette hypothèse n'est pas à exclure. Les nouveau-venus pouvaient alors être attendus au lieu d'accostage par les anciens. Ceux-ci pouvaient dans ce cas leur faire bon accueil, et les intégrer dans le milieu qui les attendait ! L'harmonie était à ce prix.

La pirogue ayant accosté, ils étaient alors sûrement invités à en descendre par les autorités qui les avaient conduits, en demandant aux principaux prisonniers à le faire les premiers, et leurs accompagnateurs en dernier, au nom de l'ordre de préséance. N'avaient-ils pas été des chefs dans leur vie courante ? Ils avaient toujours été servis, ils avaient toujours bénéficié de la disponibilité et de la serviabilité de la piétaille qui était à leur disposition. Ils avaient toujours profité de tous les égards. Leurs accompagnateurs, porteurs éventuels de bagages, devaient marcher à leur suite. Ils avaient sûrement les pieds engourdis, du fait de la durée du voyage et de la position assise qu'ils avaient adoptée pendant ce voyage. On pouvait leur demander au préalable de se dégourdir les jambes, avant de se mettre à marcher. Puis ils étaient dirigés vers leur nouveau lieu de résidence, la pointe nord de l'île, celle qui leur était réservée.

Tout bagne bénéficiait d'une organisation spécifique qui en assurait le bon fonctionnement. À Cayenne, le pénitencier, encore appelé camp, était dirigé par un commandant, assisté de surveillants militaires, nommés par le ministre des Colonies parmi les sous-officiers de l'armée de terre ou de la marine. À Ndjolé il en était différemment. Le bagne était dirigé par un chef de poste ; quand arriva l'Almamy Samory Touré, ainsi que sa suite, c'était l'adjudant Lemercier, lui-même placé sous la responsabilité du chef de Circonscription du Bas-Ogooué qui dépendait du Gouverneur du Gabon, lequel était placé sous la juridiction du Gouverneur Général de l'Afrique équatoriale française ; c'est lui qui reçut donc tout le groupe qui fut déporté à Ndjolé cette année-là et le conduisit vers l'espace qu'il avait aménagé pour eux, une grande concession rectangulaire, en face de sa résidence.

En fut-il toujours ainsi jusqu'en 1913 ? Comme pour les prisons qui furent construites dans la foulée de l'implantation coloniale, *l'île-prison* n'avait pas fait l'objet de soins particuliers. Et pour cause : il avait urgé de mettre en place une infrastructure dont la vocation était d'y affecter une catégorie précise de prisonniers, en général des personnes qui s'étaient singularisées par leur caractère dangereux pour l'ordre colonial. Ce qui importait, c'était donc de les loger, leur trouver « un point de chute » rapidement et leur permettre de mener une vie quelque peu acceptable, du point de vue des Occidentaux, conforme à leur statut : celui d'exilés. Sur cette base, l'administration coloniale ne mit aucune application pour loger décemment les pensionnaires qui y avaient été affectés. La priorité, n'était-ce pas le bon fonctionnement des services administratifs, la construction et le fonctionnement des hôpitaux et des écoles ? Et puis, ces prisonniers spéciaux, méritaient-ils d'être royalement traités ?

Comme les prisons coloniales, le bagne de Ndjolé ne bénéficia donc d'aucun « marquage architectural »[180]. Il fut et demeura un « lieu d'enfermement qui (avait) la particularité de n'être pas « fermé », d'être la plupart du temps à ciel ouvert et où l'obligation de travailler (était) totale, poussée jusqu'à l'ultime possibilité »[181].

S'attendaient-ils souvent à ce type d'espace carcéral quand ils arrivaient ? S'attendaient-ils plutôt à trouver un bagne traditionnel constitué de hauts murs, d'espaces véritablement privatifs de liberté ? Rien ne l'exclut.

Un bagne traditionnel, en effet, comportait une ou plusieurs bâtisses dans lesquelles devaient loger les différents pensionnaires. Celui de Libreville, qui avait accueilli les 96 déportés Annamites, n'avait-il pas une capacité d'accueil de 144 prisonniers ? Il était constitué de quatre bâtiments principaux et des annexes que ceinturait une haie soutenue par des piquets et des traverses en bambous. On y trouvait quatre bâtiments, identifiés par des lettres de l'alphabet : A, B, C, D. Le premier bâtiment, le bâtiment A, renfermait la caserne des surveillants. C'était l'affectation officielle. En fait, il revenait au chef du bâtiment des marins à terre et au Commissaire de police, qui y avait son bureau. Ce bâtiment avait des annexes qui abritaient deux cuisines pour le chef de dépôt et le commissaire de police ; on y trouvait aussi des toilettes. Le bâtiment B, quant à lui, était affecté au détachement de marine de la direction du port. Le bâtiment C comprenait une pièce unique et était affecté au logement des condamnés. Le bâtiment D, enfin, comprenait le magasin et les locaux disciplinaires ; il comportait quatre cellules et était ouvert, aux deux extrémités, par deux portes.

---

180 L'expression est d'A. Sinou, *Comptoirs et villes coloniales du Sénégal,* Paris, Karthala/ORSTOM, 1993, p. 140

181 In « La plantation, le bagne, le ghetto », URL : http://www.cafe-geo.net/article.php3?id_article=1000

Planche 9 :

Le bagne de Libreville

(in G. Le Carpentier et R. Walter, *op. cit.*)

À Ndjolé il en était autrement ! C'était la forêt, l'espace équatorial ; il n'y avait donc pas d'espace concentrationnaire, de lieu rude, féroce, fait pour des prisonniers appelés à être matés, à qui il s'avérait nécessaire de faire un « lavage de cerveau » ! Il est inimaginable de penser que cet espace qui leur était affecté était vide, sans aucune infrastructure ; il en bénéficiait inévitablement. Ces infrastructures devaient être sommaires, car réalisées à partir de matériaux locaux, sans particulière ostentation : la paille par exemple, pour couvrir la toiture, des planches pour fermer l'ensemble. C'étaient des baraquements ; ils ne devaient comporter aucune commodité particulière : pas de fenêtre, pas de toilettes, mais plutôt des latrines creusées à l'arrière des paillotes, pas d'eau courante, mais celle puisée soit au fleuve, tout proche, soit dans des puits creusés pour l'occasion. Un lieu austère ! Un espace rugueux ! Il n'y avait aucune commodité particulière ; ce n'était point un palace !

Aucun rapport avec le bagne de Cayenne ou de la Nouvelle Calédonie par exemple où, dès leur arrivée, les condamnés étaient répartis dans les différents camps, en fonction de leur profession - cuisiniers, boulangers, jardiniers, maçons, menuisiers, tailleurs, infirmiers-, main-d'œuvre qui devait s'avérer utile pour le fonctionnement du bagne. Une situation qui s'appliqua à Conakry et à Freetown, et qui fut valable pour Ndjolé, si l'on s'en tient aux arguments énoncés par Odile Goerg :

Le poste militaire, premier symbole de l'autorité nouvelle et de la souveraineté perdue, comprenait d'emblée une geôle. La fonction militaire et la fonction répressive civile étaient directement liées au départ : pouvait-on d'ailleurs différencier l'opposition à la main mise coloniale, les faits de résistance à un nouvel ordre politique et certaines attitudes définies désormais comme autant de transgressions à la loi ?[182]

Plus loin, elle apporte d'autres indications, qui permettent de saisir le sens de la mise en place d'une infrastructure faite à l'emporte-pièce, sans soin, sans rigueur :

Le poste ne fut pas localisé en fonction d'un schéma général mais uniquement en fonction des impératifs du moment et des tractations foncières et politiques. De même, le bâtiment fut souvent construit à la hâte, afin de répondre à des besoins urgents et ponctuels et non dans la perspective d'une installation permanente. Ces éléments expliquent que furent remises en cause par la suite à la fois la localisation et la conception des bâtiments voués à la répression (…) [183]

De ce fait, comment pouvaient vivre ces bagnards ?

---

[182] Dans « Urbanisme colonial et prisons en Afrique : quelques éléments de réflexion à propos de Conakry et Freetown, 1903-1960 », in Fl. Bernault (dir.,), *op. cit.*, p. 163 pp. 163-180
[183] *Id.*, p. 164

La vie quotidienne sur l'île

Deux éléments caractérisaient leur vie : la réclusion et la semi liberté.

La réclusion

En effet, dans cette *île-prison*, les prisonniers étaient confinés dans leur espace austère. Ils étaient coupés du reste de la population. Ils menaient une vie de réclusion et quelque peu mal aisée, comme le reconnaissent, pratiquement en chœur, nos informateurs :

> *Nos parents parlaient parfois entre eux et parfois en notre présence, des déportés politiques. Nous étions enfants, mais nous savions de quoi il retournait. Ils disaient que les déportés vivaient mal. Les déportés étaient considérés comme des guerriers ; ils avaient lutté contre les Blancs pour défendre la cause des Noirs. Quand ils arrivaient sur l'île, ils étaient mal accueillis par les colons, ils étaient maltraités. Il leur arrivait de mourir car ils n'étaient pas bien suivis médicalement, il n'y avait pas de nourriture convenable pour eux. Seuls les Missionnaires prenaient soin d'eux.*[184]

Des propos qu'Ambroise Minko-Mi-Ngone complète par d'autres :

> *Les miliciens ne les frappaient pas ; ils les maltraitaient simplement ; ils ne les nourrissaient pas convenablement... Les prisonniers pouvaient traverser jusqu'à Ndjolé car ils avaient envie de se défouler. Lorsqu'ils faisaient cette traversée, ils changeaient d'habits pour être méconnaissables. Quand ils avaient fini de se défouler, ils repartaient.*[185]

Mais une affirmation qui contredit, sur certains points, celle que consigne Guy Bidzo-Mengoua, natif, lui aussi de Ndjolé, et qui rédigea un Mémoire de Maîtrise en 2000, sur le plus célèbre pensionnaire de l'île, l'Almamy Samory Touré. Suivons-le à cet égard, sur le traitement des prisonniers vivant sur cette *île-prison* :

---

[184] Propos tenus lors de l'entretien du 14 août 2012 avec les sieurs A. Minko-Mi-Ngone, B. Nze Meye et L. Békalé, à N'djolé sur les conditions de vie des déportés politiques.

[185] Entretien personnel le 13 août 2012 sur le traitement réservé aux déportés politiques et sur leurs conditions de vie.

Conformément à la réglementation en vigueur, ils étaient soumis à une surveillance pointilleuse... Ils ne pouvaient quitter leur concession que sous escorte et seules leurs femmes circulaient librement dans le village et sur le marché de Ndjolé... Ils menaient une vie contraignante. La nourriture et tous les produits faisaient l'objet d'un contrôle régulier de la part du commandant du poste. L'eau utilisée était celle de l'Ogooué ou d'un petit étang qui se trouvait dans l'île.[186]

Une vie de semi-liberté

Pour mesurer ce type de vie, il faut d'une réalité : les déportés politiques qui étaient enfermés à Ndjolé n'étaient pas des prisonniers de droit commun ; ils ne vivaient pas enchaînés, entravés et soumis à un traitement carcéral des plus rigoureux. Certes, ils vivaient dans un espace quelque peu austère, en plein milieu équatorial, et étaient surveillés au quotidien, pour qu'ils ne pussent s'évader et surtout commettre l'irréparable. De ce fait, il convenait, mieux que tout, de les empêcher de prendre la fuite, de se révolter, de créer un climat de subversion, de s'attaquer aux responsables coloniaux, d'introduire dans l'espace où ils vivaient, une dose d'insoumission. Il fallait plutôt tout mettre en œuvre pour leur extirper ces vices qui faisaient leur spécificité ; il fallait les ramener à la vie normale ; il fallait les faire passer de l'a-normalité à la normalité ! Cela supposait un mode de vie spécifique. Dans la Rome Ancienne, une stratégie imparable était utilisée par les maîtres à l'égard de leurs esclaves pour les fidéliser, les attacher au domaine domestique et en faire une composante à part entière de la domesticité : hiérarchiser le milieu servile, autrement dit ne pas réserver le même traitement à tout le monde, privilégier les uns en leur accordant un certain nombre d'avantages, et brimer les autres, de manière à toujours laisser persister un climat de tension entre eux, une atmosphère de compétition, mais cette stratégie n'était pas la seule ; une autre existait : favoriser des relations entre les serfs et les serves, d'où pouvaient naître des enfants. Ils se montraient alors moins rigoureux sur certains principes qui fondaient la vie domestique, étaient tolérants vis-à-vis des uns et rigoureux à l'égard des autres. Sur

---

[186] G., Bidzo-Mengoua, *Exil et mort de l'almany Samory-Touré (1898-1900)*, mémoire de maîtrise d'Histoire, Université Omar Bongo, Libreville, novembre 2000

cette base, il est difficile de supputer qu'une une « sorte de marquage à la culotte », s'appliquait à tous les déportés politiques. Les uns étaient sûrement plus surveillés que d'autres. Ceux qui l'étaient moins pouvaient alors bénéficier de complicités au sein de leurs gardes et avoir l'occasion de se rendre occasionnellement, de l'autre côté de l'île, pour, comme qui dirait, « humer un autre air », surtout s'ils avaient eu un comportement exemplaire. Et dans cette hypothèse, s'ils n'allaient pas jusqu'à « se faire la belle », comment exclure que certains d'entre eux aient réussi à se faire quelqu'amitié, et même nouer des relations avec quelque jeune dame de la rive droite ou de la rive gauche de la ville et trouver le temps de frayer en toute liberté avec l'une ou l'autre d'entre elles ? N'est-ce pas sous le même régime que vécut Léon Mba, déporté politique gabonais à Bambari, en Oubangui-Chari, et qui revint de son exil avec une épouse centrafricaine rencontrée pendant ce séjour et un fils né de leur couche commune ? Nous ne saurions pas étonné d'apprendre que malgré tout ce qu'on a pu penser de la vie de ces déportés, certains aient réussi à effectuer quelques escapades des autres côtés du fleuve, autrement dit sur la rive droite et sur la rive gauche, et à nouer quelque relation complice avec telle ou telle *Ndjoléenne* d'où a pu naître un rejeton ! De toute façon, un déporté politique, ne jouissait-il pas, du fait de son statut, d'une semi liberté ? Fabrice Nguiabama-Mackaya le confirme si bien en ces termes :

> *(...) Le déporté ne s'adonnait que très peu au travail. Condamné politique, il « avait droit » à l'oisiveté : l'obligation du travail, imposé aux prisonniers de droit commun n'existait pas pour lui (...)* [187]

Quelques éléments supplémentaires à l'actif de cette situation peuvent être utilisés pour l'attester : l'absence de brimades et donc de maltraitance, et la possibilité qu'avaient les déportés de correspondre.

Contrairement aux prisons ordinaires, en effet, le bagne de Ndjolé ne laissait pas libre cours à une quelconque brimade : pas de chicotte, pas de fouet, pas de cellule spéciale pour les « fortes têtes »,

[187] « Coloniser et enfermer au Gabon : les limites d'un processus » (1887-1960) » in *Colonisation et colonisés au Gabon*, p. 167

récalcitrantes et récidivistes, pas de punitions spéciales. De plus, cet espace présentait quelques avantages, que l'on ne pouvait observer dans aucune prison ordinaire, pour condamnés de droit commun : les pénitenciers y menaient une vie de famille et y vivaient dans un esprit, comme qui dirait, de « compatriotisme ». En effet, alors qu'en Nouvelle Calédonie ou en Guyane où les déportés ne pouvaient se faire accompagner de leurs épouses, même prisonnières elles aussi, cette possibilité ne pouvant intervenir qu'après un temps d'« épreuve »[188], l'Amamy Samory Touré ne vint-il pas à Ndjolé avec les siens ? N'était-il pas assisté de son épouse, de son fils et de son griot ? *Idem* pour Aja Kpoyizoun : il avait un accompagnateur ! En les faisant ainsi assister, l'objectif recherché était de leur donner la possibilité de mener une vie normale et de ne pas être tentés de se dévoyer par la solitude, l'absence d'une épouse et d'un serviteur, et donc de la privation de ce qui faisait la quintessence de leur statut d'origine : un chef, adulé de tous, vivant à l'abri du besoin. En ayant leurs épouses à leur côté, l'on savait qu'ils ne seraient pas tentés de mener une vie pudibonde et donc qu'ils y trouveraient source d'équilibre ! Ils garderaient l'impression d'être chez eux, dans leur milieu, dans leur univers. Il ne fallait donc pas les couper de cet univers-là, de cet environnement où ils avaient construit totalement leur vie et qui pouvait être source de déstabilisation. D'ailleurs, quand l'Almamy Samory Touré apprit, à Kayes, qu'il serait déporté au Gabon, ne tenta-t-il pas de se suicider ?[189] La présence de ces personnes visait donc à les rassurer, à les rasséréner. Valable pour Dossou Idéou (et non Yedeon) et Aja Kpoyizoun, tous deux originaires du Danhomè (*Danxomè*). Quelques lignes sur leur *curriculum vitae* permettent de comprendre leur position sociale et

---

[188] Une situation que vécut un certain *Louis Mollière, né le 23 février 1838 à Alais (Gard), tonnelier de profession... et condamné le 13 août 1873 par la cour d'assises du Gard à 20 ans de travaux forcés pour vols qualifiés*. Son épouse, emprisonnée à *la maison centrale de Montpellier pour complicité dans les vols commis par son mari... demanda* ce que l'on pourrait appeler un rapprochement d'époux. Mais il lui fut refusé malgré sa requête renouvelée en 1874 et 1875. Voir H. Taillemite, « La vie au bagne », in *Criminocorpus*, revue hypermédia, URL : http://criminocorpus.revues.org/183, consulté le 17 septembre 2012

[189] Point de vue exprimé par Y. Person, « SAMORI, construction et chute d'un empire » in *Les Africains*, T. 1, 1972, p. 284

donc de mesurer les contours d'une nécessaire présence d'accompagnateurs. Le premier cité est présenté dans le certificat médical qui fut établi par le Dr Bernard Pierre-Louis, Médecin aide-major de 1ère classe, comme « ex-chef supérieur de Zagnenado (Dahomey) ». Dans un autre document officiel, en l'occurrence une correspondance adressée le 9 janvier 1911 à Monsieur le Chef de la circonscription du Bas-Ogooué, par le Lieutenant Gouverneur, Richaud, il a l'étiquette d' « ancien chef supérieur de Gové ». En tout cas, l'on sait qu'il était un déporté politique, au même titre qu'Aja Kpoyizoun, avec lequel il s'était trouvé incarcéré à Porto-Novo, avant leur transfèrement à Ndjolé (Gabon), *via* Libreville. Sur le second cité, Aja Kpoyizoun, par contre, aucune précision n'est apportée. Mais une réalité demeure : lui aussi était une personnalité de marque dans la société danhoméenne (*danxoméenne*) ! Il était roi ! Il était prêtre de la terre ! Il était donc *Anyigbafio* ! Suivons en cela Francis Owi dans le témoignage qu'il livra au grand public en ouverture du colloque sur *le refus de l'ordre colonial* :

> *Il est né dans les années 1830. Ce fut un polygame. C'était un roi thaumaturge. Il disposait du pouvoir d'attirer la pluie et même de l'arrêter. Il pouvait s'enfoncer sous terre et se transformer en rivière ou en pierre. Il avait sur lui un chasse-mouche qu'il tendait à tous ceux qui l'approchaient pour le saluer afin de les neutraliser... Pour l'arrêter, les Blancs durent revenir quatre fois à l'assaut. À trois reprises, il se transforma en panthère. La quatrième fois, il se transforma en jeune fille. Les Blancs mirent l'incendie à son royaume pour le raser. Il se résolut alors à se rendre. Il fut arrêté et jeté dans une cellule. Mais là, il se transforma en boa et en jeune fille. Il fut condamné à la déportation... Le jour du départ, le bateau appareilla mais s'immobilisa en haute mer... le roi avait oublié sa pipe. Il demanda alors au Blanc de faire demi-tour pour la récupérer ; ce qui fut fait. Il vint récupérer sa pipe et le bateau poursuivit sa route.*[190]

Monsieur le Pr. Théodore Nicoué-Lodjou Gayibor apporte d'autres détails, sur la base des « enquêtes menées » lors de son séjour « à Tado et Tohoun en janvier 1987 » en compagnie « d'une équipe d'enseignants-chercheurs composée de A. Aguigah », et « de

[190] Témoignage du lundi 11 février 2013

l'étudiant Yakpé (de Tado) »[191]. Il le présente ainsi comme « un homme redoutable doté de pouvoirs magiques ». On le considérait comme « aziza, dont tout le monde avait peur et que l'on tentait d'éliminer en vain. Il succéda à son père Alowou… Il se montrait généreux envers tous ceux qui venaient se placer sous sa protection. Il accueillait tout le monde à bras ouverts : voleurs, sorciers, criminels, toute la lie de la société, rejetée par les autres… »[192]. Il « avait deux frères (Mélékou et Tchaké), deux sœurs (Nakodo et Tassi), deux demi-frères (Foli et Coffi) et vingt-sept enfants (13 garçons et 14 filles), tous vivant dans la région, en zone française ou allemande »[193] ; il avait « les traits d'un vénérable vieillard de corpulence frêle et de taille élancée et au crâne dégarni »[194] ; il était le roi de Tado et s'engagea dans « la lutte en soutenant Agbomé contre la France… », ce qui lui attira l'ire de cette France et le règlement de comptes qui s'en suivit[195]. Ces détails-ci supplémentaires fournis toujours par Monsieur le Pr. Gayibor à l'occasion du colloque sur le personnage, nous permettent d'être plus amplement informé sur les mobiles de l'ire française et du châtiment qu'il en résulta. Lisons-le :

> *(…) Vers le mois de de novembre 1898, mourait à Tado Avitchou, fils du chef Gbaguidi de Savalou. Kpoyzou fit alors saisir tous les biens du défunt… Il se saisit également des femmes et enfants d'Avitchou et en aurait fait ses esclaves (…) Gbaguidi se plaignit alors au résident français à Savalou qui décida d'envoyer un récadère à Kpoyizoun. S'estimant offensé par cette ingérence dans ses affaires, le roi… entra dans une violente colère. Il prit la canne de l'envoyé du résident, la jeta à terre en disant qu'ainsi il ferait de tous ceux qui viendraient l'ennuyer et mit l'homme à la porte sans même vouloir écouter ses revendications.*[196]

Quelle audace ! Oser ainsi s'en prendre à un *missus dominici* français ! Mais l'homme Aja Kpoyizoun n'en eut cure. Il était sur son territoire, il y régnait ainsi sur des sujets qui lui obéissaient au doigt et

[191] *Op. cit.*, p. 2
[192] *Op. cit.*, p. 2
[193] *Id., ibid.*
[194] *Id., ibid.*
[195] *Id., ibid.*
[196] *Kpoyzou, le résistant*, p. 5 doc. Inédit.

à l'œil, il tenait à le montrer publiquement. C'était donc un résistant à la colonisation française !

Les deux hommes, Aja Kpoyizoun et Dossou Idéou, étaient arrivés en même temps à Ndjolé. Ils vivaient comme des commensaux. Ils avaient transité par Porto-Novo avant leur déportation à Ndjolé. En les mettant dans le même espace, on leur donnait la possibilité d'atténuer leur mal vivre, leur mal-être et donc de mieux supporter leur exil. D'ailleurs, Ndjolé n'était pas le seul bagne à appliquer cette hygiène de vie à ses pensionnaires. Léon Mba, qui avait été déporté du Gabon pour l'Oubangui-Chari, ne fut-il pas rejoint dans son lieu d'exil par l'une de ses épouses, Ayouba, morte dans ce pays « en septembre 1945, quatre ans avant (son) retour (de Léon Mba) à Libreville »[197] ? Sur cette vie matrimoniale bien remplie de celui qui devint par la suite le premier président du Gabon, Gaston Rapontchombo apporte d'ailleurs cette précision supplémentaire qui montre la nature de la vie que pouvait mener un déporté politique :

> *Durant son interdiction de séjour, Léon Mba épousa d'autres femmes à la coutume banda, une ethnie centrafricaine. Parmi ces femmes (quatre au total) seule la dénommée Jeanne Passera lui donnera des enfants dont Félix Mba, alias Samba Sall, du nom d'un ami sénégalais qu'il avait connu à Bambari pendant son exil.* [198]

Autre élément qui mérite d'être souligné : le droit de correspondre. Cette possibilité nous est fournie par ces missives que nous a laissées l'un des pensionnaires de *l'île-prison*, Dossou Idéou. Certes, nous ne disposons que de courriers adressés aux responsables administratifs de Ndjolé, et du Gabon, missives officielles s'il en est, rédigées avec des formules convenues, alors que du courrier adressé aux personnes privées nous aurait permis d'apprécier la marge de manœuvre dont les déportés disposaient dans leur quotidienneté. Bien sûr, même dans les bagnes où avait régné une discipline de fer, comme en Nouvelle Calédonie ou en Guyane, cette possibilité existait. Mais le fait est là : les pensionnaires du bagne de Ndjolé avaient bel et

---

[197] G. Rapontchombo, *L'affaire Léon Mba. Matériaux pour l'histoire coloniale du Gabon*, Libreville, les éditions du Silence, 2002, p. 61

[198] *Id., ibid.*

bien la liberté de correspondre ! L'on ne sait pas si ces correspondances étaient soumises aux mêmes contraintes que pour celles que rédigeaient les prisonniers de droit commun : ne pas excéder une lettre par semaine, choisir la journée de dimanche pour se laisser aller à cet exercice rédactionnel, une fois la lettre rédigée, la mettre sous pli, sans signe extérieur, en prenant soin d'y inscrire l'adresse du destinataire, soumettre toute correspondance à l'examen du régisseur de la prison, à l'exception de celles adressées aux autorités administratives et judiciaires ou aux avocats défenseurs chargés de leur défense. Mais le fait a son importance. Les prisonniers pouvaient s'adresser à la hiérarchie pénitentiaire de leur lieu d'incarcération et même administrative de leur pays d'origine, en étant sûrs que cette correspondance serait examinée avec intérêt ! Ceci pour dire qu'à l'inverse des bagnes des années antérieures, qui avaient été érigés en France et dans l'Outre-Mer, où les prisonniers vivaient comme des forçats, des bêtes de somme, Ndjolé était soumise à un autre régime : plus souple, plus humain, moins astreignant, moins coercitif ; en somme, un « bagne palace », un bagne équatorial ! Même à Libreville, où avaient débarqué les 96 Annamites, ne dit-on pas que le régime était plus rude, plus épuisant, plus coercitif ? Dès leur arrivée, outre leur tache principale, ils avaient été accueillis par une autre, plus pénible, qui les rendait dignes de véritables forçats : le dessèchement des marais de Pyrrha, qui nécessitait une force considérable de travail. Mais il n'y avait rien de tel à Ndjolé : un signe des temps ? Une volonté de changer la donne ? Une spécificité pour ce bagne des tropiques, de l'équateur ? Nous répondrons : une spécificité. Ndjolé était une particularité. Mais l'on peut y voir une volonté de montrer que ces déportés politiques africains que l'on exilait vers Ndjolé n'avaient aucune commune mesure avec la catégorie de prisonniers français qui emplissaient les bagnes : le motif de leur incarcération était politique, rien que politique. Ils étaient, eux aussi, des bandits, mais des bandits d'une espèce toute spéciale. Et pour ce faire, un traitement quasi particulier leur était nécessaire. Ils étaient donc soumis aux mêmes activités que les populations alentour, c'est-à-dire celles qui étaient libres, les *Ndjoléennes* et les *Ndjoléens*, et qui menaient une vie de non enfermement.

La vie autour du bagne

Ces activités étaient, en effet, de type primaire, essentiellement.

Des activités de type primaire

Et pour cause : l'espace qui entourait le bagne était situé en zone équatoriale. Il était couvert à 80% d'une végétation pour l'essentiel permanente. C'était la forêt dite ombrophile, sempervirente, qui se composait de plusieurs millions d'arbres. Les fougères, les lianes s'y enchevêtraient, formant ainsi un sous-bois presque infranchissable. La végétation était constituée des grands ensembles végétaux qui imprimaient au paysage une physionomie particulière parce que résultant de l'accumulation d'espèces végétales spécifiques et variées. Quant au relief, il était accidentel. Tout autour du bagne moutonnaient des collines en coupoles culminant entre 100 et 200 m, à versants exclusivement convexes ; les pentes étaient irrégulières sans rupture, les sommets, arrondis et les dérivellations se situaient entre 40 et 80 m. C'est que ce site était constitué de quartzites et de micaschistes quartzeux à deux micas ; il avait subi une tectonique complexe ayant généré de nombreux plis isoclinaux à fort pendage ; il avait subi des bouleversements en raison de la cassure des Monts de Cristal qui avait entraîné un travail d'érosion actif caractérisé par la présence de terrasses. Malgré tout, on y pratiquait : l'agriculture itinérante sur brûlis, la chasse, la pêche, l'élevage…

L'agriculture itinérante sur brûlis

C'est l'agriculture que nous appelons de « type primaire », c'est-à-dire de type rudimentaire et faite selon un mode opératoire « tournant ». En effet, elle consistait à ne pas pratiquer chaque année, sur les mêmes sols, les mêmes cultures ; elle obligeait ceux qui s'y adonnaient à changer chaque année, d'emplacement. Le début des travaux démarrait entre la fin du mois de mai et le début du mois de juin, alors que la grande-saison sèche était prononcée. Dès lors, l'on choisissait la zone à cultiver. Mais ce choix ne se faisait pas au hasard ; il était fonction des types de forêts : soit un coin de forêt primaire, encore appelé *ésana*, qui avait la particularité de disposer de grands arbres très durs, soit un coin de forêt secondaire, *éseng,* qui avait des essences arborescentes plus tendres, soit un espace qui avait servi à réaliser une plantation et donc qui était restée en jachère, *avu.* Une fois que ce choix avait été opéré, l'on procédait à la phase suivante, la délimitation de la zone à défricher. Celle-ci était fonction du nombre de femmes qui s'étaient engagées à disposer d'une parcelle. Après quoi, suivait le défrichage, une opération qui portait le nom de *kir tsi.* Jusqu'alors, ces opérations étaient du ressort des femmes. Puis venait le tour des hommes avec l'abattage des arbres. Les femmes intervenaient ensuite, cette fois pour le brûlage, appelé *medzighe.* Cette opération intervenait globalement après la deuxième quinzaine du mois d'août, avant l'arrivée des rosées et, plus tard, des pluies. Les parcelles ainsi brûlées pouvaient alors être ensemencées et défrichées.

Cette culture permettait ainsi de récolter divers produits : la banane plantain (*mesa paradisiaca*), connue sous le nom d'*ékon*, le manioc (*Manihot ultissima pohl)*, encore appelé *mbo*, les taros (*colocasia Esculentum Schott*), les ignames (*Asicorea cayenensis lamk*), la patate douce (*pomoea batatas Poir*), le maïs (*Zea mais L.*), l'arachide, l'ananas (*Ananas Satius Schult*), la banane douce (*Musa sapentium L*), les goyaves (*Psidium guyava L.*), les avocats (*Pessa gratissima Gaertu*), les mandarines (*Citrus reticulata Blancos)*, les choux palmistes (*Elaeis guinenses jacq*).

La pêche

Autre activité en vigueur : la pêche. Elle était pratiquée surtout de juillet à septembre, période de saison –sèche et courait sur l'ensemble des cours d'eau, marigots, marécages et autres plans d'eau situés dans les environs de Ndjolé. Cette période était plus précisément appelée grande saison –sèche (*oyôn*). Mais elle pouvait aussi avoir lieu pendant la petite saison sèche, (*essep*), qui avait lieu de décembre à fin février. Ces périodes dites de basses eaux étaient d'autant plus propices que les lacs et autres courants d'eau étaient vides d'eau. Mais ces périodes n'étaient pas uniques ; la pêche pouvait aussi se pratiquer tout au long de l'année.

Cette activité était mixte, c'est-à-dire qu'elle était l'œuvre des hommes et des femmes. Les hommes utilisaient surtout les techniques suivantes : la pêche à la ligne de fond ou palangre, appelée *eloa.* Elle consistait à faire usage d'une corde de près de 50 mètres et d'un gros flotteur en bois de parasolier, en accrochant des hameçons à la corde et en fixant le flotteur à un bout pour qu'il serve de premier test. Le second test assurait la stabilité de la ligne à l'autre extrémité. Deux personnes étaient nécessaires pour cette pratique.

Les hommes utilisaient aussi la pêche à la ligne flottante ou *itûne*, qui consistait à appâter les poissons à l'aide d'un fil muni d'un hameçon et d'un flotteur à l'autre extrémité.

À ces techniques pouvaient s'ajouter la pêche à l'hameçon, la pêche au harpon et à la sagaie et la pêche à l'épervier, (*mvian*), la pêche à la senne, une pêche sportive, animée, qui se pratiquait aussi bien de nuit que de jour, qui permettait de cerner le poisson à l'aide de très longs filets, et de le ramener à la berge ; une activité qui engageait un minimum de dix personnes.

Quant aux femmes, elles mettaient surtout en œuvre les techniques suivantes : la pêche à la nasse, encore appelée *meya* qui consistait à capturer des poissons vivant dans les galets rocheux d'une chute ou d'un rapide en les appâtant avec des noix de palme ; la pêche au barrage, *mindu*, qui consistait à obstruer avec de grosses nasses toutes les ouvertures, de manière que s'y engouffrent les poissons, la pêche par barrage, *alokh-si*, qui était effectuée sur des petits cours d'eau en période d'étiage, et qui consistait à construire une digue en isolant la partie à vider. Toutes ces techniques permettaient aux populations de disposer de types de poissons parmi les plus variés : carpes, machoirons, tilapias, silures, et donc d'éviter les situations de disette ou de famine.

Planche 10 :

Outils de pêche[199]

(Réalisation : Lamberto)

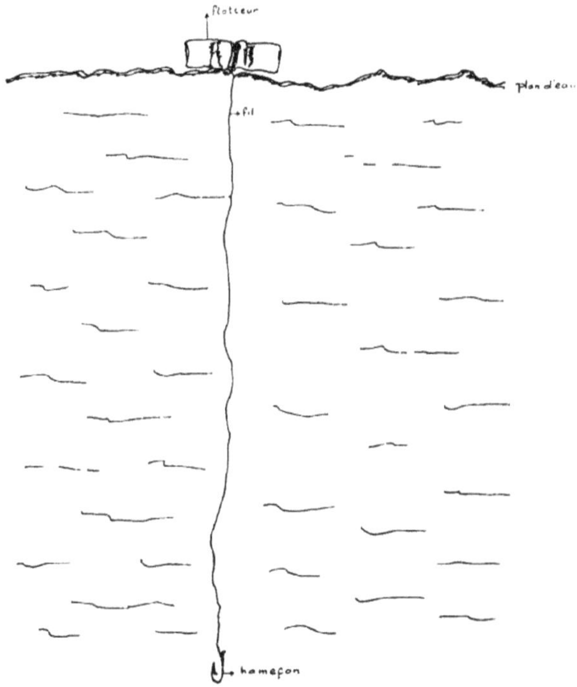

[199]On remarquera qu'il s'agit d'outils variés.

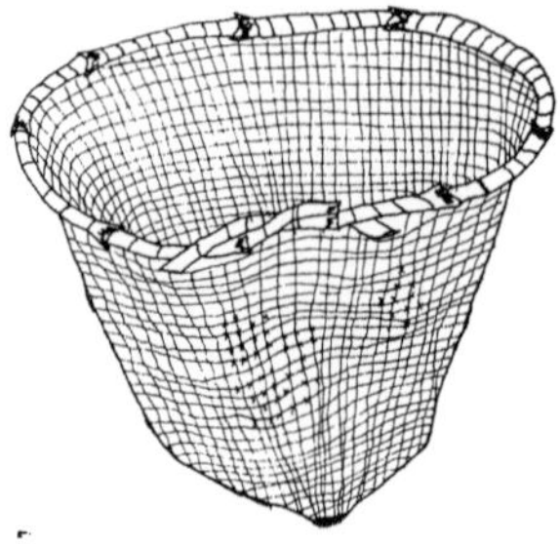

Panier utilisé par les femmes pour récupérer le poisson au fond du barrage

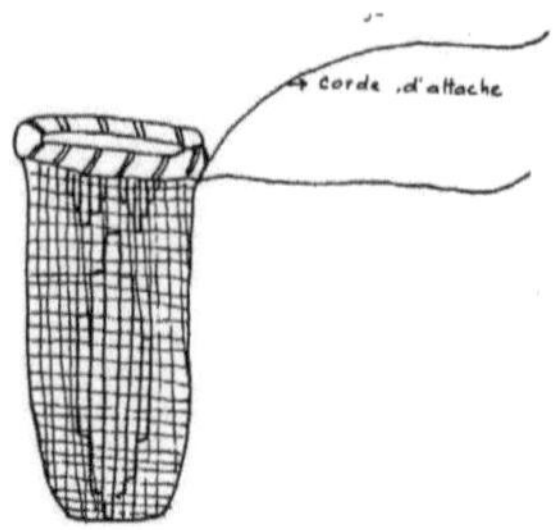

Panier servant au chargement de la prise de poissons

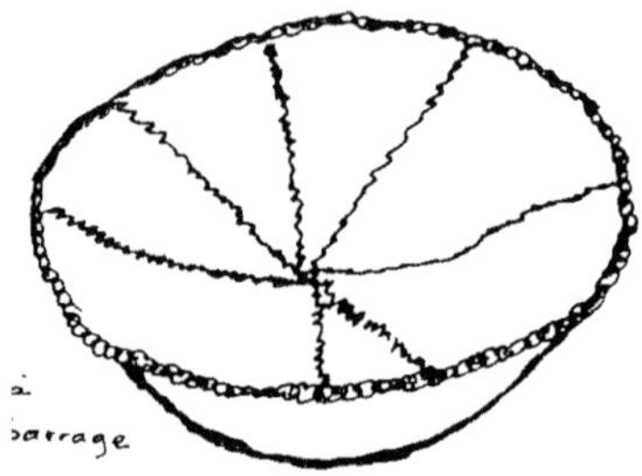

Ecuelle pour vider le barrage

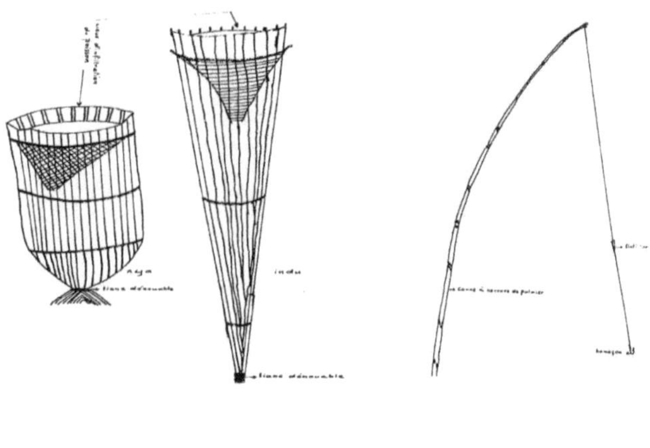

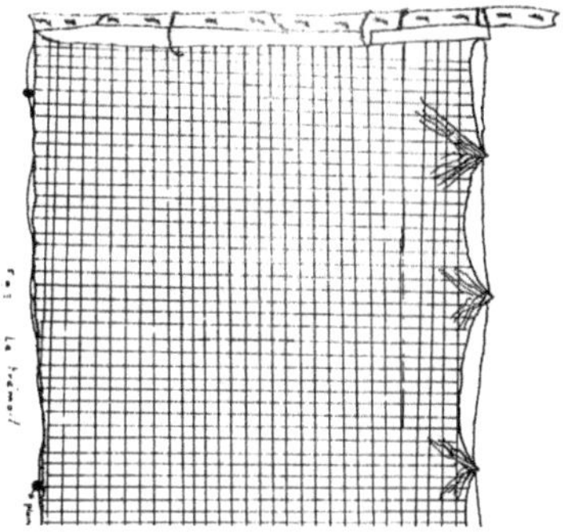

Plan d'eau
hameçons

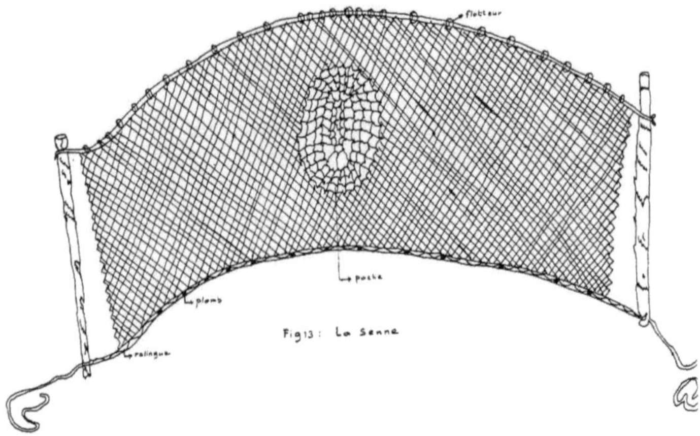

Fig13 : La Senne

La chasse

Autre activité : la chasse. Elle n'était pratiquée qu'occasionnellement, car elle n'intéressait qu'une poignée de personnes par rapport à la pêche en raison de la réglementation rigide qu'elle imposait. Pour attraper du gibier, on utilisait : des pièges à gros gibier, *bikwé*, des pièges à oiseaux, *minko*, mais aussi la chasse à la courre, *ébalé*, qui consistait à utiliser une meute de chiens, *bemvu*, ceints de grelots, *minkola*. Les prises étaient les suivantes : les éléphants, les buffles, les gorilles, les antilopes, les phacochères, les singes, les porcs-épics, les buffles, les gorilles, les antilopes, les phacochères, les singes, les oiseaux, les boas.

L'élevage

L'élevage était quasiment inexistant en raison des mauvaises conditions du milieu naturel. En effet, outre le climat, équatorial, qui était inapproprié, car il était chaud et humide et favorisait le développement des maladies parasitaires, la forêt était infestée de mouches tsé-tsé. Néanmoins les populations pratiquaient l'élevage traditionnel qui permettait d'élever des cabris, des chèvres, des moutons, des porcs et de la volaille (poules et canards). Sur cette base, l'on peut dire que le régime alimentaire des populations était relativement équilibré et permettait de mener une vie assez décente.

La vie dans le bagne

Il ne pouvait alors en être autrement dans le bagne, sur *l'île-prison.* Et pour cause : c'était d'abord et avant tout une prison. D'ailleurs, la vie des bagnards, n'avait-elle pas été encadrée par la loi du 30 mai 1854, en son article 14, qui portait sur le régime des établissements forcés ? Elle faisait obligation aux condamnés de ne pas être isolés la nuit, astreints au silence comme ailleurs. Tout comme le poste, le bagne devait donc être un espace de vie ; il devait être comme une ruche, active, grouillante, où tout le monde devait travailler, s'occuper, s'activer. C'était un lieu vivant, amené à se développer grâce, entre autres, au travail de ceux qui y vivaient ! De toutes façons, n'était-ce pas là où se trouvait le poste, autrement dit les responsables de l'administration de cet espace ? C'est là où avaient été implantés les édifices qui hébergeaient les chefs, ces Blancs qui avaient la haute main sur la vie du poste. Les prisonniers étaient donc en un lieu spécial ! Dans une telle atmosphère, chacun était à sa place, avait ses activités bien déterminées. Alors que le chef de poste et tout son personnel se livraient à tout ce qui pouvait amener leur entité territoriale à fonctionner normalement, appliquant les instructions qui leur étaient données, donnant des indications à tel ou tel, entreprenant telle ou telle action sur le terrain, le pensionnaire avait, lui aussi, son régime de vie. Etant entendu que la quasi-totalité d'entre eux, les Danhoméens, étaient de confession musulmane, il leur incombait d'abord de se soumettre à leurs obligations spirituelles : réveil à 5h30 mn ou 6h pour la première prière. Chacun pouvait alors vaquer à ses occupations. Lesquelles ? Les sources ne nous permettent pas d'y répondre. Mais peut-on imaginer qu'ils pouvaient passer leur temps dans l'oisiveté absolue ? Ces musulmans, avaient des contraintes d'ordre spirituel : accomplir pendant la journée leurs prières à 13h30mn, 15h30 mn, 18h30 mn, et 19h30mn. Après quoi, il n'est pas imaginable que chacun ait été encouragé à vivre dans la permanente oisiveté, à s'ennuyer pendant ses journées, à rester les bras croisés ; du matin au lever du soir, chacun se devait d'être actif, et donc de s'occuper. Sinon, qui d'autre que lui pouvait avoir en charge son propre espace ? Peut-on alors imaginer qu'ils aient disposé de personnel pour l'entretien de leur univers, pour l'exercice de toutes les tâches liées à la vie du pensionnaire ? Inimaginable. Alors, chaque pensionnaire se prenait inévitablement en charge ; chacun d'entre eux se donnait les moyens de vivre, à commencer par son propre espace. Exception faite pour les grands résistants qui avaient des accompagnateurs ! Ils pouvaient se délester de leurs tâches sur eux et donc ne pas avoir la frustration de devoir travailler, alors qu'ils n'en avaient jamais eu l'habitude. N'est-ce pas tout cela qui faisait partie de ce que l'on pourrait appeler « la bienséance » du bagnard ? S'y étant soumis allègrement, il bénéficiait d'un jugement positif de l'administration pénitentiaire. S'y refusait-il ? Il était mal vu, mal noté, et pouvait courir le risque de ne pas bénéficier d'une remise de peine. N'est-ce pas son comportement positif qui valut à Léon Mba de regagner, avant terme, sa terre natale gabonaise, après sa déportation en Oubangui-Chari ? Suivons cette correspondance rédigée à Bambari, le 3 juillet 1936, par le chef de la subdivision, Régisseur de la Prison, L. Leroux, pour nous en rendre compte :

> *Depuis que cet indigène est sous ma surveillance, je n'ai jamais eu à lui adresser le moindre reproche touchant ses actes et paroles. Sa conduite est en tout point exemplaire. M'Ba est obéissant, respectueux, déférent vis-à-vis de toutes les autorités administratives et des Européens sans que ses qualités soient, je crois, entachées d'hypocrisie. De race pahouine, il vit à l'écart des autochtones, et n'a avec eux que de simples relations de bon voisinage. Très intelligent, instruit et travailleur, M'Ba, dès son arrivée à Bambari, a fait des démarches pour qu'un travail lui soit procuré. Agréé en qualité d'écrivain auxiliaire... M'Ba qui travaille sous mes ordres me donne entière satisfaction à tous points de vue. Sa correspondance avec sa famille et les indigènes du Gabon, n'a jamais donné lieu à aucune critique. En conséquence, je propose très chaleureusement la suppression...*

Quel que fût son statut, il était donc de bon ton pour le pensionnaire de *l'île-prison* d'être en permanente activité, de cultiver son jardin. Il pouvait avoir son espace, son lopin de terre qu'il pouvait entretenir et sur lequel il pouvait faire pousser tout ce qui était nécessaire à son alimentation et à même celle des autorités administratives. Il pouvait aussi répondre aux sollicitations de toutes natures qui pouvaient lui être faites et, globalement se monter actif, disponible, travailleur acharné !

Certes, il disposait d'un pécule suffisant, versé par l'autorité coloniale, pour assurer son régime alimentaire, maintenir son quotidien, mais l'on sait que ce n'était guère suffisant. Et pour cause : l'inflation était une réalité, car Ndjolé était un pôle économique de premier plan ; la monnaie circulait de manière massive du fait qu'il y avait un nombre relativement élevé de sociétés concessionnaires qui versaient souvent des salaires réguliers à leurs agents. De plus, les besoins des prisonniers ne pouvaient être statiques ; ils variaient, et cela avec d'autant plus de rapidité que les prisonniers principaux avaient souvent des accompagnateurs. Enfin, étant entendu que la plupart de ces prisonniers furent ceux que les habitants de Ndjolé appelaient les Dahoméens, dont le régime alimentaire tournait autour de riz, du mil et du maïs, ils ne pouvaient s'acclimater au régime alimentaire que proposaient les autochtones.

Ils pouvaient donc se livrer aisément aux mêmes activités que les autochtones, les habitants du poste, en s'essayant à la pratique de l'agriculture, ne serait-ce que sous forme de jardinage ; ils pouvaient également se livrer aux pièges, à la pêche, et même à l'élevage. L'île, ne pouvait-elle pas offrir un cadre pour ce faire ? Nos informateurs sont formels : « les déportés se livraient à la pêche, à la chasse et à l'élevage »[200]

De toute façon, à Ndjolé même, les populations vivaient selon un régime spécifique : les hommes et les femmes se levaient tôt le matin -entre 5h et 6h - et se couchaient tard le soir, souvent aux alentours de 20 heures. Pendant la journée, ils vaquaient à leurs diverses occupations et regagnaient leurs pénates, le soir. Avant d'aller s'endormir, ils dînaient, souvent entre commensaux, au corps de garde, et saisissaient cette occasion pour « parler entre hommes », échanger sur leur journée et même faire des projets pour le lendemain.

---

[200] Entretien du 12 août 2012

Ils pouvaient, en période de saison sèche, se retrouver autour d'un feu de bois, pour se réchauffer. S'il y avait clair de lune, les enfants pouvaient en profiter pour se laisser aller à certains jeux. Une telle organisation n'existait pas nécessairement en prison ; mais dans une « prison de brousse » comme l'était *l'île-prison* de Ndjolé, est-il possible d'imaginer que l'administration pénitentiaire n'ait pas pu concevoir un régime permettant d'occuper les prisonniers ? Une souplesse devait exister, certes, une souplesse confinant à l'humanisme, mais une souplesse qui ne pouvait laisser se développer un sentiment d'oisiveté, de paresse !

L'administration coloniale : un soutien palliatif

Sur le plan matériel

On le voit d'ailleurs, sur le plan alimentaire. Consciente de l'acuité de cette question, elle y avait trouvé, très tôt, remède en apportant aux uns et aux autres, son assistance alimentaire. Si elle le fit plus tard, en 1918 plus précisément, vis-à-vis des détenus indigènes, autrement dit des détenus de droit commun, au travers de l'article 9 du règlement du 20 juin de cette année qui faisait obligation, aux responsables des prisons, de donner aux détenus les denrées suivantes : 1500 grammes de manioc ou 250 grammes de riz ou de denrées de substitution ; 2 ou 3 poissons ; 15 grammes d'huile de palme ; 10 grammes de sel… et aux Européens : 2 repas par jour, une légère collation le matin, vers 7 heures, elle le fit à l'égard des condamnés au bagne. Ainsi, non seulement elle pouvait aller jusqu'à gratifier les pensionnaires de produits vivriers, le riz par exemple accompagné de poisson salé ou encore le gibier que les miliciens arrachaient de force aux populations indigènes, mais encore une subvention leur était accordée, de la part des autorités politiques et administratives de la région dont le prisonnier était issu. C'est dans ce cadre qu'il fut prescrit, entre autres, à l'Amamy Samory Touré, une indemnité, qui donna lieu à pension à ses accompagnateurs au lendemain de sa mort[201]. Traitement similaire pour les autres, dont Dossou Idéou et Aja Kpoyizoun, qui reçurent chacun une allocation annuelle de 600 F et Mohammed, déporté tchadien, à qui il fut attribué une indemnité journalière (au montant imprécisé). Ne convenait-il pas de bien nourrir le corps pour assurer l'équilibre sanitaire de chaque déporté ? *Mens sana in corpore sano*. D'ailleurs, tout manquement dûment constaté, ne donnait-il pas la possibilité aux détenus de s'en ouvrir aux autorités compétentes, en l'occurrence le Procureur Général ? Cette plainte d'un prisonnier de Ndjolé à l'adresse du Procureur Général de Brazzaville, en apporte la preuve :

> *Monsieur le Procureur, j'ai l'honneur de venir très respectueusement vous exprimer les misères que j'encours à la prison. À la prison de N'djolé, il est interdit par le chef de la subdivision actuel qu'un prisonnier mange du sel, du poisson, ni avoir une vieille assiette. Faute de s'en alimenter, il est battu par deux ou trois gardes régionaux et ensuite il est couché aux barres pendant 4 à 5 jours. Il faut qu'un prisonnier marche tête nue, portant même un vieux chapeau pour s'abriter et pour éviter les maux de tête que l'éclat du soleil africain pourrait occasionner. On reçoit une maigre potion soit deux bâtons de manioc par jour, ce pauvre manioc pahouin mesurant 0,60 m de longueur et mince comme une canne. Comment peut-il vivre avec pareille ration ? Voir la prison on dirait que c'est une écurie. Le prisonnier couche par terre sans pouvoir employer une natte convenable, ni avoir un oreiller, ni couverture, autrement il est battu. Je me permets respectueusement de vous signaler ces méfaits et ces barbaries afin de provoquer une inspection clandestine ou bien faire donner des ordres à M. le chef de la circonscription du Bas-Ogooué pour pouvoir remédier à cet état anormal des choses. C'est inutile de vous parler encore de la chicotte en peau qui fait son action diablement criminelle sur la peau des êtres humains, malgré noirs qu'ils soient. Le Commandant, Chevineau, agit à sa tête en dérogeant aux lois et aux règlements administratifs. Il y a urgence à réparer ces injustices en lui faisant remplacer par un fonctionnaire plus sérieux et juste en action.*[202]

S'il en était ainsi pour un prisonnier de droit commun, soumis à un régime plus rigoureux que le pensionnaire du bagne de

---

[201] Cette pension fut réclamée par Saranke Mory, au lendemain du décès de l'Almamy Samory Touré.

[202] ANG. Carton 838. Réclamations diverses des détenus dans les prisons du Gabon, 1927-1932

Ndjolé, il ne pouvait en être autrement pour ce dernier ! Lui aussi pouvait se plaindre et même le faire avec plus de véhémence ! D'ailleurs, est-ce un hasard si aucun document d'archives en notre possession ne soulève une mort par mal nutrition ou intoxication alimentaire chez les pensionnaires de *l'île-prison* ? Reprenant les propos tenus par Yves Person dans son *opus magnum* consacré à Samory Touré[203], Guy Bidzo-Mengoua, qui prépara et soutint un mémoire de maîtrise d'histoire à l'Université Omar Bongo de Libreville, tient d'ailleurs ces propos qui ont toute leur importance :

Dans l'île de Ndjolé, les exilés y vécurent dans des conditions matérielles supportables, grâce à la rente versée par le Soudan... Prisonnier français de l'AOF, le Gouverneur de cette région prenait en charge ses dépenses….

Comme pour dire que l'Almamy Samory Touré et ceux qui le suivirent n'eurent pas de problème particulier de ce côté ! Des propos aux quels il ajoute ceux-ci, au sujet de Samory précisément, même si nous émettons, à leur sujet, quelque réserve :

Une grande partie des indigènes du poste administratif ignorait tout de l'incarcération de Samory sur leur île. Ils savaient, certes, que les colons détenaient des prisonniers mais ne connaissaient ni leurs noms, ni leurs visages ni les causes de leur incarcération. Cependant, certaines personnes arrivaient, malgré tout, à donner à manger aux détenus. [204]

Mais cette assistance ne s'arrêtait pas à cette question matérielle ! Elle touchait aussi à la question sanitaire.

… et médical

Un exemple permet de le démontrer : le cas de Dossou Idéou. Dossou Idéou, en effet, était un pensionnaire de *l'île-prison* parmi les autres. Mais un jour, sa santé déclina ; il avait contracté une de ces maladies tropicales –dysenterie chronique, bronchites fréquentes, congestion pulmonaire-qui était liée à cet environnement. Il avait

---

[203] Y. Person, *Samori. Une révolution Dyula*. Dakar, IFAN, 1968

[204] *op. cit.*, p. 37

passé neuf ans dans cet espace. Il avait vieilli. Il s'en ouvrit au responsable du bagne auquel il demanda des soins appropriés, en même temps que la possibilité d'une libération, pour passer ses vieux jours auprès des siens, en affichant sa francophilie, en reconnaissant les fautes qu'il avait commises et en s'engageant à ne plus commettre la moindre impéritie. Enfin, il conclua sa lettre par cette formule par laquelle il affichait nettement sa filiation : *je suis votre respectueux et soumis garçon*, avant de signer de son patronyme, étrangement francisé: *Dossou Yédéon*. Cette demande fut examinée avec soin par le responsable du pénitencier qui la transmit au Chef de la Circonscription du Bas-Ogooué, lequel la transmit à son tour au Gouverneur du Gabon. Celui-ci demanda alors au médecin, qui assurait la responsabilité de l'unité médicale de Ndjolé et partant de *l'île-prison* et du Bas-Ogooué, de l'ausculter et d'établir un certificat médical. Celui-ci s'exécuta et se mit à l'œuvre ; il en sortit un certificat médical et une correspondance plaidant l'élargissement de son infortuné malade et bagnard. Le certificat médical, établi par ce médecin, le médecin aide-major de 1ère classe, Bernard Pierre-Louis, fut ainsi libellé :

> *Je soussigné Bernard, Pierre-Louis, médecin aide-major de 1ère classe des troupes coloniales du Bataillon Indigène du Gabon, conformément aux dispositions adoptées par Monsieur l'Administrateur en chef de 1ère classe, Administrateur de la Circonscription du Bas-Ogooué, certifie avoir visité ce jour le nommé Dossou Yedeon, ex-chef supérieur de Zagnenado (Dahomey), déporté politique à N'djolé. Dossou Yedeon est un homme assez âgé, atteint de dysenterie chronique et sujette à de fréquentes bronchites, avec crises intermittentes de congestion pulmonaire consécutives. Ces affections sont dues au climat de N'djolé par lequel Dossou Yedeon semble être assez éprouvé, étant surtout donné son âge assez avancé et les conditions d'isolement moral (défaut de familiers parlant sa langue et observant ses coutumes, nourriture différente de celle constant au Dahomey, etc...) dans lesquelles il se trouve placé depuis une période de temps relativement longue. J'estime que si une mesure de clémence devait être prise en sa faveur pour récompenser l'exemple de résignation qu'il a pu montrer au cours de son déportement, son état de santé bénéficierait du sérieux avantage que lui procurerait un séjour au Dahomey, son pays d'origine.*

Certes, c'est seulement à partir de 1920 que le ministre des colonies, Albert Sarrault, s'appesantit sur l'état sanitaire des populations africaines, y compris celles qui étaient enfermées dans des prisons[205], mais, comme nous le constatons, plusieurs années auparavant, les condamnés au bagne pouvaient bénéficier d'une attention de la part des autorités coloniales. Un médecin veillait sur eux, les consultait, les soignait et donc mettait tout en œuvre pour les guérir, contrairement à ce que nous indiqua l'un de nos informateurs ! [206] Et pour des maladies graves dûment constatées, elles pouvaient valoir à ceux qui les avaient contractées, une réduction de peine, autrement dit une libération pure et simple et un retour dans leurs pénates, surtout si elle était alliée à leur bon comportement au sein de l'espace carcéral et à leur engagement à renoncer à tout activisme dans leur pays d'origine !

Comme pour dire : dans *l'île-prison*, tout le monde était soumis au travail, à l'activité quotidienne, même si une assistance administrative était régulière !

---

[205] Imposant ainsi le suivi quotidien des prisonniers comme on peut le voir par cet extrait de texte qui prescrit ceci : *l'administrateur-maire est tenu de visiter la prison au moins une fois par mois. Il veillera à ce que la prison soit, non seulement sûre, mais propre, telle que la santé des prisonniers ne puisse être aucunement altérée* in *JOAEF* du 1er mars 1920, p. 139

[206] *Ils mouraient car ils étaient peu suivis ; ils n'avaient pas de nourriture ; ils n'étaient pas suivis médicalement... Ce sont les missionnaires qui les soignaient...* A. Minko-Mi-Ngone, notable. Entretien du 14 août 2012

Malgré tout un lieu de mort

Photo 30 :

Le *mémorial Samory,* à la montée de l'île[207]

(prise de vue de l'auteur)

[207]Ce monument avait été érigé par les Autorités politiques guinéennes, qui avaient exhumé les restes de l'illustre disparu afin de le faire se reposer auprès des siens. Les autorités municipales de Ndjolé avaient participé à cette opération, dans l'objectif de faire de ce site un lieu touristique, mais le projet est resté inachevé. Pourtant, des bancs publics ont été installés non loin de ce monument, mais ils se trouvent toujours noyés dans la broussaille ! Quant au monument lui-même, il va sans dire qu'il souffre d'une absence de perspectives : entouré d'une forêt de bambous de Chine, il pourrait en être envahi à terme. De plus, le marbre se décape, les piquets plantés tout autour pour faire office de barrière, tombent les uns à la suite des autres, offrant ainsi un spectacle désolant !

Planche 11 :

L'Almamy Samory Touré, de son vivant

http://www.webmande.net/images/samory-1998.jpg

Planche 12:

Cheikh Amadou Bamba Mbacké[208]

http://www.metissacana.sn/sites/touba/mer.JPG

[208] Un homme enturbanné, preuve de son engagement entier et profond dans la vie musulmane. Un thaumaturge, marchant sur l'eau et accomplissant ses obligations quotidiennes, la prière en l'occurrence. À l'arrière, le navire qui l'amène en déportation au Gabon

Photo 31 :

Aja Kpoyizoun[209]

(Prise de vue de l'auteur)

209 C'est la place centrale de Tado, en pays aja, là où vécut le roi thaumaturge Aja Kpoyizoun. Il y a cent ans que sa déportation a eu lieu. Pour lui rendre hommage et raviver la mémoire autour de sa vie et de son œuvre, un Mémorial fut réalisé à son intention par la fondation *Terre des ancêtres*, sa famille, et la royauté actuelle, et inauguré à Tado (Togo), le mercredi 13 février 2013. Des millions de francs furent réunis à cet effet !

Photo 32 :

En route vers le mémorial[210]

(Prise de vue par l'auteur)

[210] Le jour de cette inauguration, Tado fut en fête. Les cours dans les établissements d'enseignement primaire vaquèrent ; toute la ville fut mobilisée. Pour aller vers le mémorial, une procassion fut organisée : une fanfare avait été réquisionnée pour l'occasion !

Photo 33 :

Le rite sacrificiel[211]

(Prise de vue par l'auteur)

[211] Les mânes des ancêtres ne pouvaient ne pas être invoqués ; il importait de se les concilier : c'est le sens de ce sacrifice !

Photo 34 :

L'inauguration du Mémorial en présence de tout le gotha politique et intellectuel[212].

(Prise de vue de l'auteur)

[212] À la fin du colloque, une délégation se rendit sur place, à Tado, prendre part à la fastueuse cérémonie. Elle était constituée d'Historiens de l'Université de Lomé, de Kara, Omar Bongo de Libreville et Abomey-Calavi du Bénin, le tout conduit par Monsieur le Pr. Gayibor. Cette délégation se mêla aux autorités politiques locales et à la population de Tado. On reconnaît, 3ème à partir de la gauche, Monsieur le Pr. Gayibor.

Photo 35 :

La délégation gabonaise[213]

[213] On reconnaît, de gauche à droite : Pr Hugues Mouckaga, Pr Jean-François Owaye et Dr. Rufin Didzambou.

Planche 13 :

Aja Kpoyizoun, chevauchant un léopard sur une fresque murale

N. L. Gayibor, *Kpoyzoun, le résistant*, p. 1

Malgré tout, il y eut des pensionnaires de cet espace qui rendirent l'âme, transformant ainsi cette *île-prison*, non pas uniquement en espace de vie, mais aussi en espace de mort ! Parmi les morts, il y eut surtout, comme nous permettent de le savoir les documents d'archives, les soudanais Mory Finidian, l'un des accompagnateurs de l'Almamy Samory Touré, lui-même l'Almamy Samory Touré, et l'Ivoirien Kokou. Quant au Danhoméen Aja Kpoyizoun, il trouva la mort en dehors du bagne, dans des circonstances toutes spéciales : la noyade. Examinons-les tour à tour, avant d'essayer d'en tirer quelques déductions.

La mort sur le lieu de détention

Ce sont les documents d'archives qui nous l'apprennent : Mory Finidian, accompagnateur et griot de l'Almamy Samory Touré, décéda en 1902. Sur la page qui lui est consacrée, aucun détail ne subsiste, si ce n'est la référence au télégramme qui annonçait la triste nouvelle :

Télég. 24.1.02. Avis du décès du déporté Mory Finidian.

Quant à l'Almamy Samory Touré, des détails de sa mort ne nous sont pas fournis directement et clairement par ces mêmes archives. Ceux évoquant cette mort sont ainsi libellés :

Libreville, le 6 mars 1938, n°272, Le Gouverneur des Colonies Chef du territoire du Gabon à Monsieur le Chef du Département de l'Ogooué-Maritime à Port-Gentil. Vous voudrez bien trouver ci-joint copie de la lettre n°287 A.P. du 18 février 1938 par laquelle le Gouverneur général me fait connaître qu'un crédit de 500f, 00 sera mis à la disposition du Chef de la subdivision de N'djolé en vue de la réfection de la tombe de Samory. Pour l'exécution des travaux il y aura lieu de tenir compte de ce que Samory était de religion musulmane et qu'en conséquence le chevet de la tombe doit se trouver vers l'Est. Je vous prie de me tenir au courant de l'achèvement des travaux. Signé : Parisot.

Une autre correspondance le concernant est celle qui date du 12 janvier 1938 par laquelle l'Administrateur en chef des colonies, Y. Nicol, Inspecteur des affaires administratives au Gabon, s'adressait en ces termes au premier responsable de l'Afrique équatoriale française, monsieur le gouverneur général de l'Afrique équatoriale française, pour s'émouvoir du traitement peu commode réservé aux restes de l'Almamy :

Durant les quelques journées que j'ai dû passer à N'djolé après le chavirage du 4 janvier 1938 j'ai voulu voir la tombe du chef soudanais Samory qui avait été déporté à N'djolé et y était décédé après une quinzaine d'années de résidence. Personne, parmi le personnel indigène de la Subdivision, ne put me fournir le moindre renseignement à ce sujet et ce n'est que grâce à l'obligeance du R.P. Neyrand, de la Mission catholique, que M. l'Administrateur de 1ère classe BENILAN, Adjoint au chef du Département de l'Ogooué-Maritime, le Médecin-Lieutenant Couloc'h de l'A.M.I de N'djolé, et moi nous avons pu, le 10 janvier 1938, retrouver le modeste tumulus qui marque le lieu où fut inhumé, le grand chef africain, l'extrémité Nord de l'île située entre le Poste et la Mission. Cette île fut, il y a une quarantaine d'années, le siège administratif de la Subdivision : les bureaux et les logements étaient installés dans sa partie sud et le campement de Samory dans sa partie Nord. Quand il mourut, vers 1911, l'Almany fut enterré à une vingtaine de mètres de ses cases. Actuellement cette île est propriété de la Mission catholique qui la fait entièrement débrousser pour la mettre en culture. M. Benilan a dressé un croquis sommaire pour situer l'emplacement du tombeau de Samory : il l'a reporté sur le Journal de la Poste, à la date du 10 janvier 1938. Il serait désirable qu'un minime crédit fut alloué au Chef de Subdivision pour qu'il puisse acheter un baril de ciment et édifier, avec quelques pierres de l'Ogooué, un simple revêtement en maçonnerie sur le tumulus actuel. Le lieu de la sépulture de Samory pourra intéresser les voyageurs passant par N'djolé et je crois vous signaler que le capitaine Roux, qui accompagnait ici EL Fassi l'a photographiée le midi 10 janvier et compte en adresser une épreuve au général Gouraud, le vainqueur de l'Almany, avec qui il entretient des relations personnelles.

Comme on le voit, aucune indication n'est donnée sur les circonstances du décès de ces deux Soudanais. Si malgré tout ces quelques lignes leur furent accordées, une brièveté toute particulière caractérisa l'homme Kakou ; voici ce qu'on peut retenir de lui, au vu des indications formulées dans le document d'archives consultable au Gabon :

Déporté politique de Côte d'Ivoire. Décédé à N'djolé le 7 octobre 1909.

Une question reste alors pendante : de quoi moururent bien ces déportés politiques à Ndjolé et donc sur *l'île-prison* ?

D'aucuns, comme Yves Person, repris par d'autres, essentiellement de jeunes chercheurs gabonais[214], ont affirmé que l'Almamy serait mort des suites d'une affection médicale, du fait qu'il aurait été attaqué par une forte diarrhée ou une dysenterie. Ce que l'on ne saurait exclure, car il est de notoriété publique que la zone dans laquelle vivaient les déportés, tout comme l'était tout le reste de la ville de Ndjolé et de ses environs, était une zone insalubre : paludisme, trypanosomiase, maladie du sommeil (due aux piqures de la mouche tsé-tsé), sévissaient et étaient les principaux vecteurs de la mort. D'ailleurs, cette zone tout spécialement, n'était-elle pas marécageuse, en raison des eaux de crue de l'Ogooué qui restaient piégées par des dépressions ? Mais ces maux n'étaient pas les seuls ; on y trouvait aussi, de manière foisonnante, la lèpre, les ulcères provoquées par les trous des chiques, la gale, la toux, la malaria, les maladies osseuses et articulaires, une infinité de maladies de la peau et les hernies étranglées. Toutes, des affections, qui avaient pour effet de conduire, inexorablement, vers la mort, pour peu que l'on manquât d'une certaine robustesse, qu'on fût de santé fragile ! D'ailleurs, n'est-ce pas à cause de cette série de pathologies que le Dr. Albert Schweitzer, humaniste devant l'Eternel, décida de s'installer à Andendè, à Lambaréné, c'est-à-dire en amont, et d'ouvrir un *hôpital-village* ? Alain Elloue-Engone qui a commis un ouvrage sur *le grand blanc* en donne quelques saillies éclairantes :

> *Schweitzer arrive au Gabon et ouvre les yeux d'enfant sur la forêt équatoriale : paradis des moustiques, purgatoire des Noirs, enfer des Blancs. Inquiétante et envoûtante contrée, désolée, luxuriante et obscure... Au moment où Schweitzer foule le sol d'Andendè, il existe encore des guerres inter tribales, le plus souvent pour des questions de femmes, de terres...* [215] ;

> *On y traitait comme maladies : le paludisme, les différentes espèces d'ulcères, la maladie du sommeil, la lèpre, l'éléphantiasis, les affections cardiaques, la gale, la dysenterie, les ostéomyélites. Tout cela pullulait dans la société indigène.*[216]

---

[214] Comme Bidzo, *op. cit.*
[215] *Albert Schweitzer et l'histoire du Gabon*, Paris, L'Harmattan, 2011, p. 30
[216] *Id.*, p. 43

Dans un ouvrage-témoignage qu'il rédigea, Albert Schweitzer fut d'ailleurs sans détours, qui, après avoir précisé qu'à Ndjolé le climat était rigoureux et qu'il pleuvait neuf mois sur douze, indiqua :

La température moyenne à l'ombre, pendant la saison des pluies (était bloquée) à environ 28-33 degrés, durant la saison –sèche d'hiver, elle vari(ait) de 22 à 30 degrés. Les nuits (étaient) presque aussi chaudes que les jours. Ce fait, joint à la très grande humidité de l'air, rend(ait) le climat ... assez difficile.[217]

Une réalité que développa aussi, à son tour, Joseph Ambouroue-Avaro :

Le régime gabonais est soumis à l'influence du climat tropical humide de type équatorial. Ce climat a pour caractéristique, la quasi constance des températures et la faiblesse de leurs écarts. Elles sont en outre peu élevées... L'humidité atmosphérique est le second facteur de ce climat : elle est toujours élevée et voisine de 85%. En conséquence, ce qui caractérise le plus le climat gabonais, c'est la pluviosité. Il pleut à peu près la moitié des jours de l'année, et la hauteur d'eau moyenne est de 2,50 mètres. Les averses ou « tornades », les manifestations orageuses sont nombreuses, surtout pendant l'hivernage (saison des pluies). [218]

Sur la base de ces faits, l'on peut donc conclure que l'Almamy Samory Touré a pu être atteint par l'une ou l'autre de ces affections. Comment l'exclure quand on sait que mourir par ces biais était un fait courant pour tous les types de prisonniers, y compris ceux de droit commun, comme nous le suggère le cas de Mbigou, au sud du Gabon et que nous ont permis de connaître, les correspondances du Capitaine Gely, datées de 1923 ? On y trouve ainsi, entre autres, Litzimba : condamné à mort le 20 mai pour association de malfaiteurs, assassinat et anthropophagie, il fut atteint de diarrhée le 2 juillet, et fut interné à l'infirmerie le 3 juillet avant de décéder ; Matimba : incarcéré le 12 mai 1923, il décéda le 28 juin 1923. Il avait souffert depuis le 17 juin, date à laquelle on lui diagnostiqua le point de côté ;

---

[217] A. Schweitzer, *A l'orée de la forêt vierge. Récits et réflexion d'un médecin en Afrique Equatoriale Française*, Paris, A. Michel, 1952, p. 20
[218] *Op., cit.*, p. 34

les 21 et 22, il décéda d'une bronchite, cumulée à une fatigue, avant d'être victime d'une diarrhée le 24 juin ; Missiengou : incarcéré le 10 juin. Atteint d'un point de côté et de bronchite, il décéda à l'infirmerie le 5 juillet 1923. À la suite d'une auscultation effectuée sur lui avant son décès, on diagnostiqua une broncho-pneumonie ; Ngadi : incarcéré le 22 mai 1923 et victime d'une enflure du pied, d'une fièvre, d'une fatigue générale et d'un abcès dentaire entre le 26 et le 30 juin, il fut conduit à l'infirmerie où il s'attrapa une dysenterie le 5 juillet et une diarrhée le 6 juillet avant de décéder le même jour. D'ailleurs, « sur 161 détenus » qui « furent écroués au bagne de Libreville entre 1887 et 1900, 113 d'entre eux » n'y « trouvèrent » -ils pas « la mort… à cause surtout des conditions d'existence particulièrement difficiles » [219] ? Et les déportés annamites, n'est-ce pas à la suite de ces conditions exécrables qu'ils passèrent en grand nombre, de vie à trépas ? S'il en fut ainsi de l'Almamy Samory Touré, de son griot et de l'ivoirien Kakou, qu'en fut-il des autres déportés, morts aussi sur leur lieu de détention, *l'île-prison* ? En dehors de toute précision, la même supputation reste valable : les conditions sanitaires *in loco* ont pu avoir raison d'eux !

La mort hors du bagne

Destin à tout le moins différent, pour ce qui est d'Aja Kpoyizoun ! Voici, en effet, ce qu'en dirent les télégrammes rédigés sur son compte :

Gouverneur Dahomey Porto-Novo n°22a. -Honneur vous faire connaître, déporté politique Pohizoun noyé accidentellement en cours de route ; déporté Dossou Yédéou quittera Libreville par courrier 23 février sous escorte garde régional selon instructions Gouverneur Général 11-2-13 Signé : Adam ;

N°18a.- Réponse à 51.- Dès réception votre 485, instructions ont été adressées télégraphiquement N'djolé ; mais télégramme était arrivé après départ annexe déportés Dossou et Pohizoun quittèrent N'djolé le 3 janvier.

[219] F. Nguiabama-Makaya, « Coloniser et enfermer au Gabon : les limites d'un processus (1887-1960 » in *Colonisation et colonisés au Gabon*, Paris, L'Harmattan, 2007, pp. 169-170

Pohizoun s'est noyé accidentellement en cours de route. Dossou arrivé 28 janvier à Libreville sera seul dirigé sur Cotonou par courrier Février. Signé : Adam.

C'est que Dossou Idéou et Aja Kpoyizoun étaient ensemble incarcérés à *l'île-prison* de Ndjolé. Occupant des fonctions d'importance dans leur pays d'origine, le Danhomè *(Danxomè)*, ils y avaient été déportés. Au bout de plus de dix (10) ans d'incarcération et compte tenu de ses soucis de santé, Dossou Idéou sollicita une remise de peine. Il adressa ainsi une correspondance au Gouverneur du Gabon, en ces termes :

Monsieur le Gouverneur du Gabon, C'est avec le plus profond respect que j'ai l'honneur de solliciter respectueusement la faveur de pouvoir rentrer dans mon pays ayant passé douze ans à N'djolé, éloigné de ma famille dans le pays dont le climat ne me fait que souffrir, car je suis toujours malade. Monsieur le Gouverneur, je vous serais très reconnaissant si cela était possible, de faire que je revoi(e) le Dahomey avant la fin de ma vie. Je ne voudrais plus m'occuper des affaires gouvernementales, la seule opinion étant de voir tranquille le bien que me désignerait le Gouvernement entouré de ma famille m'occupant seulement de mes affaires personnelles. Ayant beaucoup aimé les Français, j'ai fait tout ce que j'ai pu lorsqu'ils avaient besoin de porteurs pour faire la guerre aux baribas. Mais si commettant ensuite des fautes, ne les ai-je pas expiées pendant les neuf ans d'exil et les trois ans que j'ai passés à la prison de Porto-Novo. Ayant la ferme foi, Monsieur le Gouverneur, que j'obtiendrai satisfaction à ma demande, veuillez agréer, je vous prie l'honneur de mon profond respect. Je suis votre respectueux et soumis garçon. Signé : Dossou Yédéon.

Cette correspondance fut accompagnée d'un certificat médical signé du Médecin aide-major de 1ère classe, Bernard Pierre-Louis, qui authentifiait la maladie de l'interné et défendait sa cause. À ces éléments joints au dossier, figurait une correspondance du Commandant de Circonscription du Bas-Ogooué, à l'adresse du Gouverneur du Gabon où y était émis l'avis « le plus favorable »[220].

---

[220] En fait, la lettre entièrement est ainsi libellée : *Monsieur le Gouverneur, J'ai l'honneur de vous transmettre ci-joint, en l'appuyant de l'avis le plus favorable, une requête par laquelle Dossou Yédéou, ancien chef supérieur de Cové, (Dahomey) déporté à N'djolé depuis plus de neuf ans, sollicite une remise de peine. Il ne m'appartient pas, bien que me trouvant très*

Transmission fut alors faite le 28 novembre 1910 à Monsieur le Lieutenant-Gouverneur du Danhomè *(Danxomè)*, Monsieur Merwart, dont la résidence était à Porto-Novo[221]. La réponse ne tarda pas : elle fut négative ! Et pour cause : les plus hautes autorités politiques du Danhomè estimaient que « le retour de l'ancien chef Dossou Yedeon dans son pays d'origine présenterait encore des inconvénients politiques… » Traduction : Dossou Idéou (et non Yedéon) représentait toujours un danger dans son pays et restait donc indésirable, *persona non grata* ! Il fit une ouverture cependant :

> *Toutefois, comme il résulte d'un certificat médical fourni, à l'appui de sa demande, par Dossou Yédéou que le climat de N'djolé serait défavorable à sa santé, je vous prie de bien vouloir faire transférer ce déporté en un lieu plus salubre.*

Dans une correspondance à Monsieur le Gouverneur Général de l'Afrique équatoriale française, M. Merlin, reprenant les indications qui lui avaient été fournies, en date du 11 octobre 1911, les fit siennes et les répercuta à son tour, comme sous forme de conclusion de sa missive :

> (…) *J'ai d'autre part, donné toutes instructions utiles pour que cet indigène soit examiné à nouveau en vue de son transfert s'il y a lieu, sur un autre point de la colonie pourvu d'un médecin et dont le climat pourra mieux convenir à son état de santé. Signé : Paulet.*

---

particulièrement documenté à cet égard, d'apprécier la valeur des souvenirs auxquels fait allusion notre ancien protégé, mais en tant que Commandant de la Circonscription, j'ai le devoir de rendre témoignage à l'excellente conduite qu'a toujours tenue à N'djolé cet indigène qui mérite toute la bienveillance de l'administration locale. Je dois ajouter que la santé de Dossou-Yédéou est très précaire, ainsi qu'il résulte du certificat ci-joint établi par M. le Docteur Bernard qui, sur ma demande, avait bien voulu l'examiner. Dans ces conditions je ne puis que faire appel à la pitié en faveur du pétitionnaire.

[221] On dira aujourd'hui qu'il s'agissait d'un « Soit-Transmis » qui fut ainsi libellé : *Monsieur le Lieutenant-Gouverneur du Dahomey, Porto-Novo J'ai l'honneur de vous adresser ci-joint copie d'une requête de l'ancien chef Dossou Yédéou déporté au Gabon accompagné des copies d'une lettre du Chef de la circonscription du bas-Ogooué et d'un certificat médical.*

Le Gouverneur général de l'Afrique équatoriale française fit alors cette note à Monsieur le Lieutenant-Gouverneur du Gabon, lui demandant ceci :

(...) *J'ai l'honneur de vous prier de vouloir examiner ainsi que le propose Monsieur le Gouverneur de l'Afrique Occidentale Française la possibilité de transférer Dossou Yédéon en un autre poste de la côte gabonaise qui serait pourvu d'un médecin et dont le climat serait plus salubre.*

Or il se trouve que quelque temps plus tard, le sieur Dossou Idéou fut bénéficiaire de ce télégramme ci-dessous envoyé à l'Administrateur de Ndjolé, sous forme d'instructions :

N°182 a. Conformément instructions Gouverneur Général, vous prie diriger d'urgence sur Cap-Lopez d'où s'embarqueront première occasion destination Libreville et Cotonou internés politiques Dossou Yedeon et Pohizoun. Prière les faire accompagner par un garde particulièrement vigilant qui sera remplacé à Libreville. Frais transport au compte budget local Dahomey 16/12/12 Signé : Adam 21 Décembre p.i.

Un télégramme sans équivoque, donc : Dossou Idéou était libéré ! Il devait regagner son pays, le Danhomè (*Danxomè*)! Une voie de communication était toute tracée ; ce ne devait être point la route, mais la voie fluviale. De même, l'itinéraire était bien indiqué : Ndjolé-Cap Lopez (sous-entendu *via* Lambaréné), Cap-Lopez- Libreville, avant la destination finale, le Danhomè *(Danxomè)*. Enfin, précision de taille : Dossou Idéou n'allait pas effectuer tout seul ce voyage ; il devait être accompagné de Aja Kpoyizoun. Une indication contenue dans ce télégramme, rédigée par l'Administrateur de Ndjolé et destinée à l'Administrateur du Cap-Lopez, ainsi écrite, sous le n°183a :

Administrateur N'djolé reçoit instructions pour diriger d'urgence sur Cap-Lopez accompagnés d'un garde sérieux, internés politiques Dossou Yédéon et Pohizoun originaires Dahomey. Prière prendre mesures pour faire suivre par première occasion sur Libreville. 16 décembre 1912. Signé : Adam. Administrateur N'djolé. Très urgent.

En date du 21 décembre de la même année, le même Adam adressa une correspondance à l'Administrateur en Chef de Leschaux, à Lons-le-Saunier, dans le Jura, sous le n°780a ; il la libella ainsi :

En réponse à votre lettre du 25 octobre dernier, j'ai l'honneur de vous faire connaître que conformément aux instructions de M. le Gouverneur Général, l'Administrateur de la Circonscription du bas-Ogooué a reçu l'ordre de diriger d'urgence sur Cap-Lopez, où il s'embarquera par première occasion à destination de Libreville et de Cotonou, l'interné politique Dossou Yedeon en faveur duquel vous sollicitiez une mesure de clémence. Veuillez agréer, l'expression de ma considération distinguée. Signé : Adam.

Des indications qui ont leur importance, en ce qu'elles attestent qu'après une valse hésitation de la part des autorités ouest-africaines, il fut finalement décidé d'élargir Dossou Idéou et, en même temps, Aja Kpoyizoun, même si cela n'apparaît pas dans toutes les correspondances. Les deux déportés politiques quittèrent ainsi leur *île-prison* de Ndjolé le 3 janvier 1913. Ce fut sûrement un soulagement. Ils devaient être heureux de cet élargissement ! Ils allaient retrouver les leurs ! Ils allaient enfin rentrer dans leur pays ! Ils appareillèrent pour le Cap-Lopez, installés dans ces pirogues que conduisaient inévitablement de gaillards et solides pagayeurs. Et pour cause : c'était la petite saison sèche. Les bancs de sable émaillaient l'Ogooué et rendaient la navigation malaisée ! Après des heures de navigation, ils firent sûrement halte à Lambaréné, pour reprendre des forces, et peut-être s'approvisionner. Puis ils poursuivirent leur route, vers le Cap-Lopez. Le firent-ils toujours en pirogue ou empruntèrent-ils une pinasse ? Nous ne le savons guère. Ce que nous savons, par contre, c'est qu'au cours de cette étape, soit plus de trois semaines après, c'est-à-dire vingt quatre jours, un drame se produisit : Aja Kpoyizoun périt par noyade. En date du 27 janvier 1913, Jamel fit alors, du Cap Lopez où il se trouvait, cette note sous le numéro 38, sûrement au Lieutenant-Gouverneur du Gabon :

Embarqué sur Jobo qui arrivera Libreville demain matin déporté politique Dossou. Avons entendu dire que déporté politique Pohizoun s'est noyé en cours de route. Signé : Jamel.

Seul survivant, Dossou Idéou arriva ainsi à Libreville, comme l'atteste Adam, dans un télégramme qu'il adressa le 7 février 1913 au Gouverneur Général de l'Afrique équatoriale française, à Brazzaville, sous le n°18a :

(…) *Pohizoun s'est noyé accidentellement en cours de route. Dossou arrivé 28 janvier Libreville sera seul dirigé sur Cotonou par courrier Février. Signé : Adam.*

Il quitta sûrement Libreville pour Cotonou le 23 février 1913, comme cela apparaît dans ce télégramme rédigé sous le n°22a, en date du 11 février 1913 :

Gouverneur général Porto-Novo Honneur vous faire connaître, déporté politique Pohizoun noyé accidentellement en cours de route ; déporté Yédéou quittera Libreville par courrier 23 février sous escorte garde régionale selon instructions Gouverneur Général.

Des questions, alors, se posent : Aja Kpoyizoun, décéda-t-il véritablement des suites d'une noyade ? Ne fut-il pas plutôt assassiné ? Cette noyade, fut-elle véritablement accidentelle ? Faute de témoignages, nous ne pouvons guère y répondre de manière tranchée. Que faire alors, si l'on veut, par tous les moyens, savoir, pour parvenir à la vérité vraie ? Se résigner ? S'en tenir à la version officielle, celle des Autorités, alors que l'on sait que toute vérité officielle n'est pas toujours La VERITÉ, parce qu'on la sait entourée d'une nébuleuse, embuée dans de nombreuses inconnues, parfois tronquée ? Toute vérité défendue par des autorités officielles peut être empreinte de vérité, c'est une évidence. Mais l'est-elle toujours ? ça l'est moins. Bien sûr, comme l'on dit parfois, « toute vérité n'est pas toujours bonne à dire ». Mais n'est-elle pas nécessaire pour montrer les choses telles qu'elles se sont passées, pour dire ce qui mérite de l'être ? Au nom de l'éthique, de la transparence, de l'honnêteté.

Les Historiens disposent d'un certain nombre d'outils pour y parvenir. Parmi ceux-ci, il y a la recherche, même effrénée, outrancière, de Sources. Ne sont-ce pas des témoins ? Pour pister les faits, les découvrir, leur rendre leur actualité, les ramener à la lumière. Il y a aussi l'exploitation de ces Sources. Pour les faire sortir de leur mutisme, pour leur faire dire ce qui doit l'être. Pour sortir de l'ombre ou de la pénombre, mais aussi pour éviter de porter sur la place publique des faits erronés, contraires à la vérité, l'Historien marche alors à tâtons, précautionneusement ; il suppose, suppute, fait des recoupements. Il analyse, critique et parvient à des truismes, des évidences. Or il se trouve que pour le cas d'espèce, les sources existantes sont muettes ; elles ne révèlent pas d'indices susceptibles de faire avancer la connaissance et donc de permettre de savoir ce qui se passa réellement ce jour. Aja Kpoyizoun, mort accidentelle ou noyade ? Première évidence : l'Ogooué était une « avaleuse d'hommes » du fait qu'elle comportait, surtout en saison des pluies, des zones tumultueuses. En certains endroits, il y avait des rapides, des chutes, qui empêchaient toute navigation. Or entre Ndjolé et le Cap-Lopez, ces rapides, ces chutes, étaient inexistantes. Et même si elles avaient existé, il aurait été inimaginable de penser que l'expédition dont faisait partie Aja Kpoyizoun ait voulu les braver. Et puis : c'était la petite saison sèche !

Deuxième évidence : si les deux ex-prisonniers étaient dans une pirogue, peut-on imaginer qu'ils aient été conduits par des non professionnels, c'est-à-dire par des gens autres que les *Enenga*, les *Baduma*, les *Okande*, ceux que les Occidentaux appelaient les « chevaliers de la pagaie », et André-Raponda Walker, les « marins d'eau douce » [222], des hommes de métier, des pagayeurs qui connaissaient le fleuve, qui maîtrisaient l'itinéraire et savaient par quel endroit passer sans difficulté majeure ? Pour cette expédition, une exception aurait-elle été faite au point de recourir aux apprentis, aux amateurs, à ceux qui ne maîtrisaient pas les coins et recoins du fleuve ? C'est une possibilité. Etant entendu que le renouvellement des équipes se faisait à Ndjolé même, il n'est pas exclu que pour cette expédition, ceux appelés à « prendre le fleuve » ce jour-là aient été des supplétifs et que les autres, ceux prévus pour ce faire, se soient désistés, ne se soient pas déplacés, et aient été remplacés.

[222] J.-R. Koumabila, *op. cit.*, p. 211

Troisième évidence : les pirogues utilisées pour ce genre de voyage étaient adaptées et sécurisées, pour que leurs occupants ne pussent pas faire face à une quelconque avarie. Pour cette expédition, en aurait-il été autrement ? Rien n'est à exclure non plus.

Quatrième évidence : Dossou Idéou, celui-là même dont l'on parlait dans les échanges de correspondances, celui-là même qui, officiellement, bénéficia de la remise de peine, survécut, alors qu'Aja Kpoyizoun, celui-là même dont on avait parlé très peu, fut déclaré mort par noyade. Ce qui se produisit, est-il à inscrire dans le registre des hasards ?

Cinquième évidence : cette mort ne donna pas lieu à une ébauche de courriers, alors que pour l'élargissement de Dossou Idéou, un échange intense de documents administratifs eut lieu. Hasard, là aussi ?

À tous points de vue, cette mort d'Aja Kpoyizoun reste suspecte. Car elle comporte encore et toujours des zones d'ombre. Parmi celles-ci, il y a une, qui reste majeure : les circonstances de cette noyade. La pirogue se serait-elle renversée ? Aja Kpoyizoun serait-il tombé à l'eau ? Si oui, par mégarde ou à la suite d'un mouvement déstabilisant de la pirogue ? Aurait-il plutôt été poussé à l'eau ? Aurait-il tenté de prendre un bain ? A-t-il plutôt disparu mystérieusement car « en tant que thaumaturge, il préférait disparaître ainsi de la vue des hommes plutôt que de repartir en un autre lieu, inconnu et comportant peut-être des dangers plus graves que ceux qu'il avait connus », une thèse que développe l'actuel roi de Tado ? C'est le mutisme total.

Certes, à la décharge de l'administration, l'on pourrait être amené à s'interroger sur l'intérêt d'un assassinat d'Aja Kpoyizoun dans ces circonstances, alors qu'il avait la latitude de le faire sur le lieu même du bagne, c'est-à-dire dans *l'île prison*. Mais la noyade, n'était-ce pas une « mort propre » ? N'accréditait-elle pas la thèse selon laquelle au bagne, dans *l'île-prison*, les pensionnaires qui mouraient ne l'étaient que des suites des affections médicales et que l'administration était à cheval sur des considérations humaines, qu'elle était « droit de l'hommiste » et qu'elle n'attentait à aucune vie humaine ? C'était peut-être un outil pour sa propagande.

Autre question : et Dossou Idéou, dans ce drame ? N'en eut-il aucune responsabilité ? N'y eut-il pas un *deal* entre lui et les responsables administratifs ? Car, tout autant que Aja Kpoyizoun, il ne savait guère nager ! Comment procéda-t-il alors pour s'en sortir ? On ne l'oubliera que peu : ils sont nombreux, ces dignes et valeureux fils d'Afrique qui ont vu leur lutte prendre fin et eux-mêmes être rappelés *ad patres* car trahis par leurs proches, par les leurs ! La liste pourrait s'allonger à l'infini, mais qu'on se souvienne tout simplement de ces deux cas : Jugurtha, ce résistant numidien, le défenseur de la Numidie numidienne, dont l'histoire fut racontée par l'historien Salluste dans son *Bellum Iugurthinum*, qui finit étranglé dans les froides geôles de Rome, capturé par Marius, cet *homo novus* qui marqua l'histoire de sa bravoure, et Tacfarinas, ce résistant, qui mena son combat sous l'Empereur Tibère, et qui, après avoir tenu la dragée haute aux véloces et hardis légionnaires, fut passé par le fil de l'épée ! À Ndjolé même, qu'on se souvienne de notre compatriote, le *Ndjoléen* Emane Ntole ! Il fut livré par des membres de sa belle-famille, les parents de sa femme préférée, Elène[223].

Comme pour dire : ils sont donc nombreux, ces cimetières, emplis d'Africains, valables combattants, dignes résistants, qui, n'ayant pu se méfier des membres de leur entourage immédiat, ont été trahis à l'ennemi et sacrifiés sur l'autel de la cupidité et de la trahison, parfois pour des péccadilles !

---

[223] C'est la version largement partagée par les populations de Ndjolé. Mais J.-R. Koumabila en donne une autre. *Au cours des opérations* dit-il *le fils d'Emane Tole, Tole-Emane, fut capturé et fait prisonnier ; tandis que le grand dignitaire lui-même réussit à s'échapper et à se réfugier dans le village des parents d'Elene, sa femme préférée. Les Occidentaux menacèrent d'exécuter Tole-Emane. Pour épargner la vie de son fils, le grand dignitaire se présenta de lui-même à ses ennemis. Les deux hommes (le père et le fils) furent déportés en 1904 à grand-Bassam en Côte d'Ivoire. Emane-Tole y mourut en 1914. Quant à Tole-Emane, il revint au Gabon et alla fonder un nouveau village, Mvam –zamm, en aval de Lambaréné* in *Les populations du Bassin de l'Ogowe (Gabon). Histoire et Civilisations*, p. 287

CONCLUSION GÉNÉRALE

En guise de conclusion, retenons donc que Ndjolé connut dans son passé une longue trajectoire. Avant qu'elle n'assistât à la construction, sur son sol, d'un bagne, encore appelé *l'île-prison*, ce qui lui donna l'allure d'une *ville-île-bagne*, connue aujourd'hui sous le nom de *l'île-Samory*, elle fut un campement d'abord, un village ensuite, un poste militaire et administratif, enfin. Ce sont les populations *Akèlè*, qui, ayant succédé aux Pygmées, populations négroïdes qui avaient été les premiers sur cet espace, occupèrent les lieux, c.1600, c'est-à-dire au XVIIe s., avant d'être rejoints, plus tard, par les autres, *Pové*, *Apindji*, *Fangs*. Ce n'était pas un site anodin, sans intérêt ; depuis la lointaine époque, il était giboyeux, poissonneux, constitué de nombreuses dénivellations : un site idéal pour se mettre à l'abri des attaquants impromptus, pour être en sécurité, mais aussi pour développer des activités propres à se nourrir, à nourrir les siens et à développer des activités génératrices de revenus ! Au XIXe siècle, des groupes communautaires divers s'y installèrent, chacun choisissant un site. Ndjolé et ses environs furent, dès lors, parsemés d'habitations ! Ce fut un conglomérat de villages. Ce fut une zone de bouillonnement humain, les uns et les autres ayant leurs particularités. Les populations *akèlè*, entreprenantes, belliqueuses, hardies, toujours en mouvement, y avaient prospéré et mis leur empreinte. Elles eurent leur point central à Samkita. Les *Fangs*, arrivés sur les lieux au XIXe siècle, s'installèrent aussi sur les lieux et finirent par les en chasser. C'est qu'ils étaient, eux aussi, hardis, dynamiques et *avaleurs de terres*. Ils développèrent à leur tour leurs activités et en firent un point névralgique dans le Bas-Ogooué.

C'est dans cette optique que, très tôt, des populations étrangères y affluèrent, y compris blanches, qui y implantèrent leurs sociétés : Woermann, Hatton & Cookson, etc. De même, la Mission protestante installa dans les encablures de Ndjolé, une Mission. Puis vint juin 1883-1884, l'année décisive, Pierre Savorgnan de Brazza, explorateur français, lui donna sa configuration finale, au lendemain de sa troisième mission, la *Mission de l'Ouest africain*. Il avait déjà effectué deux missions, et était parvenu jusqu'au Congo où avait été fondée Brazzaville. Il avait résussi à faire signer un accord avec le roi des Batéké, Makoko, l'Onko Iloo Ier. Il avait réussi à devancer Stanley. À son retour, il avait laissé le territoire passé dans l'escarcelle de la France, à Malamine Kamara. Il voulait faire de Ndjolé un poste avancé de la présence française et donc de l'œuvre coloniale sur le Bas-Ogooué. Fort de la réussite de sa seconde mission, il avait bénéficié du soutien des autorités françaises qui lui avaient permis de réunir tous les moyens pour le succès de son opération. En raison de tout cela, il arriva à Ndjolé et en fit le poste militaire et administratif ; il l'érigea au milieu du fleuve, l'Ogooué, sur une île, *l'île Missanga.* Des paillotes construites à la hâte hébergèrent les autorités qui y étaient affectées, entre autres, le commandant de poste. Mais Ndjolé était aussi un chaudron. Et pour cause : c'est un espace où sévissait encore la traite, malgré l'interdiction qui en avait été faite, en 1848, et où les populations étaient portées sur des actions insurrectionnelles, surtout quand fut mis en place le travail forcé et, plus encore, l'impôt de capitation. D'ailleurs, un résistant à l'ordre colonial, Emane Ntole, secondé par son fils, Ntole Emane, y fit plus tard ses quartiers. Une organisation militaire se mit donc en place, chargée de veiller à la sécurisation de Ndjolé et des Européens qui y faisaient commerce, mais aussi de faire régner l'ordre établi, celui voulu par la colonisation. C'est sur cette île qu'en 1898 fut érigé un bagne, *l'île-prison*, connue aujourd'hui sous le nom de *l'île Samory*, au pied de laquelle a été construit, il y a quelques années, par les autorités politiques guinéennes, un Mémorial. Le bagne et le poste commencèrent donc par cohabiter, avant que le poste ne déménage, quelques années peu après, sur la rive droite, alors que la rive gauche s'enrichit d'une infrastructure, la Mission catholique. Sur cette *île-prison* arrivèrent des déportés politiques, surtout d'origine de l'Afrique occidentale française (AOF), même s'y ajouta un autre, d'origine annamite (asiatique) : l'Almamy Samory Touré et sa suite, Cheikh Amadou Bamba Mbacké, Dossou Idéou, Aja Kpoyizoun… Certains menèrent dans ce bagne équatorial, une vie sans anicroche, grâce aux soins de santé qui leur étaent prodigués, aux produits alimentaires locaux et au soutien financier de l'administration de leurs pays d'origine qui leur versait une indemnité, mais *a contrario*, d'autres y passèrent de vie à trépas : cas de l'Almamy Samory Touré.

Une raison fut avancée pour justifier ce décès : le contexte environnemental, autrement dit les affections médicales, la rudesse du climat et donc les difficiles conditions de vie. Un petit reste, parmi ceux qui étaient rappelés *ad patres*, car cela n'arriva officiellement qu'au résistant Aja Kpoyizoun, connut un autre sort : la mort accidentelle, et plus précisément par noyade, alors qu'il regagnait Libreville, *via* Lembaréni, (Lambaréné) et le Cap Lopez, à destination de Cotonou, en compagnie de Dossou Idéou, qui avait été déporté avec lui à Ndjolé *via* Porto-Novo! Une approche qui permet de valider la thèse selon laquelle l'autorité coloniale française qui avait *embastillé* les résistants africains dans cet environnement ne fut en rien responsable de leur décès ; elle ne les maltraitait nullement et s'était toujours montrée à leur égard philanthropique, généreuse et humaniste. Ceux d'entre eux qui moururent ne le durent pas à elle, mais plutôt au hasard du destin, au *fatum* ! Mais une thèse qui ne convainc personne ! Dès lors, des questions se posent sur l'origne réelle de cette mort. Mort réellement accidentelle ? Assassinat plutôt ?

En l'absence de sources, nous ne pouvons y répondre de manière trachée. Un sujet à creuser donc. Une situation qui mérite que les Historiens africains se mobilisent et mettent à contribution tout leur savoir-faire !

SOURCES ET BIBLIOGRAPHIE

SOURCES

Sources orales

J.-G. Abambole, environ 53 ans, philosophe, et Enseignant-Chercheur à l'École normale supérieure (ENS) de Libreville.

J. Angoune Nzoghe, environ 58 ans, Bibliothécaire et Historien, originaire de Donguila, dans la province de l'Estuaire.

L. Békalé, environ 60 ans.

J.-A. Éyeghe, environ 56 ans, Historien, Enseignant-chercheur à l'École normale supérieure (ENS) de Libreville, originaire de Lambaréné.

L. Éyogo Nzoghe, environ 22 ans, étudiant en Histoire.

Gbehoumbou Alomanassou, environ 70 ans, roi de Tado.

A. Mnko-Mi-Ngone, Technicien de santé à la retraite.

W.-A. Ndombet, environ 53 ans, Historien, Enseignant-chercheur au département d'Histoire et Archéologie de la Faculté des Lettres et Sciences Humaines (FLSH) de l'Université Omar Bongo (UOB).

S. Ndong Bekalé, environ 23 ans, étudiant en Master de Sociologie.

A.Z. Nyama, environ 40 ans, Historien, Enseignant-chercheur au département d'Histoire et Archéologie de la Faculté des Lettres et Sciences Humaines (FLSH) de l'Université Omar Bongo (UOB).

M. Nsole Biteghe, environ 60 ans, Historien, Enseignant-Chercheur au département d'Histoire et Archéologie de la Faculté des Lettres et Sciences Humaines (FLSH) de l'Université Omar Bongo (UOB).

B. Nze Meye, environ 65 ans, ancien instituteur, ancien maire de la commune de Ndjolé.

F. Owi, environ 45 ans, prince de Tado.

M. Tanko Zakari, Imam de la mosquée et natif de Ndjolé.

Vossa Dally Dzreke, environ 80 ans, militant du CUT depuis 1946.

Sources archivistiques

Affaires politiques et administratives

Carton 205 Rapports politiques, Djolé : déportés politiques, 1910-1937.

Carton 206 Rapports politiques. Inspection des affaires administratives, tombeau de Samory, lettre n°270, 1938.

Carton 863 Organisation administrative du Gabon, 1914-1920.

BIBLIOGRAPHIE

Sur le Gabon

M. Alihanga, *Structure communautaire traditionnelle et perspectives coopératives dans la société altogovéenne (Gabon)*. Rome, Université pontificale grégorienne, 1976.

R. Avelot, « Recherches sur l'histoire des migrations dans le bassin de l'Ogooué et la région littorale adjacente », in *Bulletin de Géographie historique et descriptive*, vol. XX, n°3, 1955, pp. 357-412.

B. Clist, *Gabon : 100 000 ans d'histoire*, Centre culturel français Saint Exupéry, Sépia, 1995.

Père Delorme, « *Terribles Pahouins* » *Bulletin Général de la Congrégation du Saint-Esprit*, avril 1879-décembre 1882, t. 12.

H. Deschamps, *Quinze ans de Gabon. Les débuts de l'établissement français (1839-1853)*, Paris, Librairie Maisonneuve et Larose, Paris, 1965.

A. Elloue-Engoune, *Albert Schweitzer et l'histoire du Gabon*, Paris, L'Harmattan, 2011.

J.E. Eyeghe, « Les Gabonais dans le regard des voyageurs européens des origines au milieu du XXe s., » in *Humanitas*, n°1, 2002.

F. Gaulme, *Le pays de Cama. Un ancien état côtier et ses origines*, Paris, Karthala, CRA, 1981.

S. Ibinga, *Justice coutumière de la période coloniale à 1998. Contribution à l'histoire de la justice au Gabon*, Mémoire de Maîtrise, Histoire, UOB, 2010.

J.-R. Koumabila, *Les populations du bassin de l'Ogowe (Gabon). Histoire et civilisations*, Paris, Velours, 2012.

G. Lasserre, « Okoumé : les chantiers forestiers du Gabon », in *Les Cahiers d'Outre- Mer*, 1955.

G. Le Testu, « Notes sur les cultures indigènes dans l'intérieur du Gabon » in *Rev. De Bot. Appl. Et d'Agr. Trop.*, 1940.

N. Meteghe N'nah, *Lumières sur zones d'ombre. Contribution à la connaissance de la société gabonaise*, Guéniot, Langres, 1984.

Economies et Sociétés du Gabon dans la première moitié du XIXe s., Paris, L'Harmattan, 1979.

Histoire du Gabon. Des origines à l'aube du XXe siècle, Paris, L'Harmattan, 2006.

A. Merlet, *Vers les plateaux de masuku (1886-1890)*, Paris, Sepia, 1990

D.D. Meyo-Me-Nkoghe, « Chasse au filet et sociabilité chez les fang du gabon des origines à nos jours » in *Les Cahiers d'Histoire et Archéologie* de l'UOB, n°5, juin 2004, pp. 91-102.

P. Mba Abessole, *Aux sources de la culture faŋ*, Paris, L'Harmattan, 2006.

J.-E. Mbot, « Le campement comme mode de gestion de l'environnement » in *Revue Gabonaise des sciences de l'homme. Actes du Séminaire les formes traditionnelles de gestion des écosystèmes du Gabon,* N°5, juin 2004.

R. Mickala-Manfoumbi, « La justice chez les Punu » in *Palabres*, n°4, pp. 223-240.

W. A., Ndombet, *La transmission de l'Etat colonial au Gabon (1946-1966)*, Paris, Karthala, 2009.

A.-Z. Nyama, *Les villages des régions de Ndendé (Gabon) et Divenie (Congo) : essai d'étude comparée de 1934 à 1995*, Thèse de Doctorat Nouveau Régime en Histoire, Université de Paris I, 2002.

« L'échec de la politique de regroupement de 1962 dans le sud du Gabon à travers ls conditions de création des anciens villages » in *Les Cahiers d'Histoire et Archéologie* de l'UOB, n°10, juin 2008, pp. 85-102.

Ogoula Mbeye, *Galwa ou Edongo d'antan*, Fontenay-le-compte, Imprimerie Loriou, 1978.

R. Oslisly et B. Peyrot, *L'art préhistorique gabonais,* Libreville, Multipress, 1987.

J.-F. Owaye, *Transportations et déportations. Histoire des pratiques carcérales au Gabon (1887-1944)*. Libreville, 2012. Doc. inédit.

R. Pourtier, *Le Gabon. Tome 2 : Etat et développement*, Paris, L'Harmattan, 1989.

A. F. Ratanga Atoz, *Les peuples du Gabon occidental. Noirs et Blancs du XVe au XXe s., T. II*, Libreville, les éd. du CENAREST, 2009.

R. Reynard, « Recherches sur la présence des Portugais au Gabon (XVe-XIXe s.) », in *Bulletin de l'Institut d'Etudes centrafricaines*, n°9, 1955, pp. 15-66.

P. Savorgnan de Brazza, *Trois explorations dans l'ouest africain de 1875 à 1886*, Napoléon Ney.

A. Schweitzer, *A l'orée de la forêt vierge. Récits et réflexion d'un médecin en Afrique Equatoriale Française*, Paris, A. Michel, 1952

R.P. H. Trilles, *Le totémisme chez les fan,* Munster I.W. Aschendorf schverlags, 1912.

Sur l'Afrique

A. Boahem (dir.), « L'Afrique sous domination coloniale » in *Histoire générale de l'Afrique*, Paris, UNESCO, 1987.

C. Coquery-Vidrovitch, *Brazza et la prise de possession du Congo*, Paris, la Haye, 1969.

Histoire des villes d'Afrique noire. Des origines à la colonisation, Paris, A. Michel, 1993.

B.-M. Mengho, « L'habitat rural au Congo : reflet du milieu naturel, expression culturelle » in *Cahiers d'Outre-mer*, janv.-mars 1980.

S. Dianzinga, « La fondation de la colonie du Congo-Brazzaville » in *Histoire générale du Congo des origines à nos jours, T. II. Le monde moderne et contemporain*, Paris, L'Harmattan, 2011, pp. 137-222.

A. Hugon, *L'Afrique des explorateurs. Vers les sources du Nil*, Paris, Gallimard, 1991.

N. Sinou, *Comptoirs et villes coloniales du Sénégal*, Paris, Karthala/ORSTOM, 1993.

A.P.Temgoua, « Du village à la ville. Comment les Allemands fondèrent Yaoundé » in *Les Cahiers d'Histoire et Archéologie* de l'UOB, n° 5, juin 2004, pp. 75-91.

P. Vennetier, *Les villes d'Afrique tropicale*, Paris, Masson, 1976.

Sur le Bas-Ogooué

J. Ambouroue-Avaro, *Un peuple gabonais à l'aube de la colonisation. Le Bas-Ogooué au XIXe s.*, Paris, Karthala-CRA, 1981.

J.A. Eyeghe, *Lambaréné, histoire et problèmes de développement (1874-fin XXe siècle)*, Libreville, GRESHS, 2008.

Sur les résistants africains

G., Bidzo-Mengoua, *Exil et mort de l'almany Samory-Touré (1898-1900)*, Mémoire de Maîtrise d'Histoire, Université Omar Bongo, Libreville, novembre 2000.

N.L. Gayibor, *Kpoyizoun, le résistant*, document inédit

P. Ikele, « La guerre de Wongo dans l'Ogooué-Lolo », in *Réalités gabonaises*, n° 34, sept. Sept.-déc. 1969, pp. 17-23.

J.-R., Koumabila, *La guerre de Wongo au Gabon, 1928-1930*, Thèse de Doctorat de 3e cycle d'Histoire, Université de Paris VII, 1984.

G. Rapontchombo, « *L'affaire Léon Mba* ». *Matériaux pour l'histoire coloniale du Gabon*, Libreville, éd. du Silence, 2002.

Sur les bagnes

Voir H. Taillemite, « La vie au bagne », in *Criminocorpus*, revue hypermédia, URL : http://criminocorpus.revues.org/183, consulté le 17 septembre 2012.

Sur les prisons

Fl. Bernault (dir.), *Enfermement, prison et châtiment en Afrique. Du 19e siècle à nos jours*, Paris, Karthala, 1999.

« De l'Afrique ouverte à l'Afrique fermée : comprendre l'histoire des réclusions continentales » in *Enfermement, prison et châtiment en Afrique. Du 19e siècle à nos jours*, Paris, Karthala, 1999, pp. 15-64.

E. Fougère, *Ile-prison. Bagne et déportation*, Paris, L'Harmattan, 2002.

D. Ngoïe-Ngalla, « L'hypothèse de l'inexistence du carcéral dans l'Afrique précoloniale : quelques pistes de recherche » in *Enfermement, prison et châtiment en Afrique. Du 19e siècle à nos jours*, Paris, Karthala, 1999, pp. 67-69.

F. Nguiabama-Makaya, *Les espaces carcéraux au Gabon, 1887-1959*, Thèse de Doctorat, Université d'Aix-Marseille 1, 2006.

-"-, « Coloniser et enfermer au Gabon : les limites d'un processus (1887-1960 » in *Colonisation et Colonisés au Gabon*, Paris, L'Harmattan, 2007.

Cartes et iconographie

Cartes

Photos

Planches

TABLE DES MATIÈRES

Gabon

aux éditions L'Harmattan

Dernières parutions

ÉDUCATION (L') TRADITIONNELLE FANG EN MUTATION
Nkoghe Stéphanie - Préface de Pierre Erny
L'enseignement écrit est aujourd'hui un fait incontournable en Afrique, d'abord pour permettre un développement économique rationalisé, ensuite pour favoriser l'insertion du continent dans l'économie mondiale. La question est de savoir comment favoriser la diffusion de l'écrit sans ruiner l'ensemble des valeurs, des représentations et des croyances reliées à la culture orale, qui constitue le fondement des pratiques et attitudes des populations en majorité encore rurales.
(Coll. Études africaines, 26.00 euros, 252 p.)
ISBN : 978-2-296-99821-6, ISBN EBOOK : 978-2-296-53166-6

ENFANT (L') RÉFUGIÉ EN AFRIQUE
Son droit à l'éducation au Gabon
Mpayimana Philippe
La condition de réfugié est un obstacle à l'exercice du droit à l'éducation des enfants, droit fondamental. Au Gabon, plusieurs facteurs concourent à faire obstacle à son application. La résolution de ce cas nécessite l'intervention et la collaboration des différents acteurs : l'école, le HCR, les populations locales et le pays d'accueil afin que l'enfant retrouve son équilibre physique et psychique.
(Coll. Enfance éducation et société, 18.00 euros, 190 p.)
ISBN : 978-2-336-29112-3, ISBN EBOOK : 978-2-296-53215-1

ÉCOLE (L') GABONAISE EN QUESTIONS
Quel système de pensée, pour quelle société ?
Quentin de Mongaryas Romaric Franck
L'école gabonaise est confrontée à une crise multidimensionnelle. Partant de ce constat, l'ouvrage présente une analyse sociologique compréhensive des rapports entre l'école et la société. Quels rapports existe-t-il entre société et école au Gabon ? Comment la société gabonaise conçoit-elle son école et dans quelle mesure cette conception de l'école est-elle tributaire du système de pensée dominant ?
(Coll. Études africaines, 16.50 euros, 158 p.)
ISBN : 978-2-336-00524-9, ISBN EBOOK : 978-2-296-51399-0

SUR LA PISTE DES FANG
Racines, us et coutumes
Ndhong Mba Casimir Alain
Cet ouvrage se veut une transcription des récits enregistrés sur le passé le plus lointain des ancêtres des Fang, notamment des Ntoumou et des Ndomo du

Gabon. Ce récit plonge le lecteur dans les racines, les us et les coutumes des Fang d'antan et lui donne un aperçu de la vie des villages du Gabon d'aujourd'hui.
(Coll. Etudes africaines, 17.00 euros, 168 p.)
ISBN : 978-2-336-00575-1, ISBN EBOOK : 978-2-296-51099-9

AKAMAYONG-NKEMEYONG
Recueil de textes de rap en langue fang nzaman
Traduction et commentaires en français
N'no Roda, Aterianus-Owanga Alice
Voici un ensemble de textes de rap en langue fang nzaman écrits par le rappeur Roda N'no. Traduite et commentée en dialogue avec une réflexion anthropologique, l'oeuvre allie la culture hip-hop aux savoirs acquis par le biais d'une éducation en contexte rural. Elle est le produit d'un effort de création d'espaces musicaux à l'interstice entre l'urbain et le rural, entre les jeunes générations de Libreville et les anciens de la province.
(Coll. Etudes africaines, 15.50 euros, 138 p.)
ISBN : 978-2-296-99723-3, ISBN EBOOK : 978-2-296-50978-8

CE QUE LE GABON DOIT SAVOIR POUR ENTRER DANS SA DESTINÉE PROPHÉTIQUE
Mbadinga Francis Michel
Ce livre révèle que chaque nation, le Gabon y compris, a un destin prophétique. Personne n'a le droit d'en ignorer les exigences en vue de la réalisation des desseins éternels de Dieu en faveur du pays. C'est une responsabilité partagée entre l'élite dirigeante, ses administrés et les membres des communautés religieuses. Les vérités qu'expose cet ouvrage sont fort instructives et sources d'inspiration pour l'action en politique.
(Coll. Points de vue, 16.50 euros, 162 p.)
ISBN : 978-2-296-99230-6, ISBN EBOOK : 978-2-296-50365-6

PROCÉDURE (LA) PÉNALE AU GABON
Nkea Ndzigue Francis
Jadis, la répression des délinquants au Gabon s'appuyait sur la loi du 5 juin 1961, adoptée quelques mois après l'indépendance. La société gabonaise ayant connu de profondes mutations (politiques, économiques, sociales), une nouvelle loi prenant en considération toutes ces évolutions a été adoptée le 25 novembre 2010. Cet ouvrage explicite les contours de ce nouveau Code de procédure pénale.
(Coll. Études africaines, 26.00 euros, 254 p.)
ISBN : 978-2-296-96365-8

L'HARMATTAN, ITALIA
Via Degli Artisti 15; 10124 Torino

L'HARMATTAN HONGRIE
Könyvesbolt ; Kossuth L. u. 14-16
1053 Budapest

ESPACE L'HARMATTAN KINSHASA
Faculté des Sciences sociales,
politiques et administratives
BP243, KIN XI
Université de Kinshasa

L'HARMATTAN CONGO
67, av. E. P. Lumumba
Bât. – Congo Pharmacie (Bib. Nat.)
BP2874 Brazzaville
harmattan.congo@yahoo.fr

L'HARMATTAN GUINÉE
Almamya Rue KA 028, en face du restaurant Le Cèdre
OKB agency BP 3470 Conakry
(00224) 60 20 85 08
harmattanguinee@yahoo.fr

L'HARMATTAN CAMEROUN
BP 11486
Face à la SNI, immeuble Don Bosco
Yaoundé
(00237) 99 76 61 66
harmattancam@yahoo.fr

L'HARMATTAN CÔTE D'IVOIRE
Résidence Karl / cité des arts
Abidjan-Cocody 03 BP 1588 Abidjan 03
(00225) 05 77 87 31
etien_nda@yahoo.fr

L'HARMATTAN MAURITANIE
Espace El Kettab du livre francophone
N° 472 avenue du Palais des Congrès
BP 316 Nouakchott
(00222) 63 25 980

L'HARMATTAN SÉNÉGAL
« Villa Rose », rue de Diourbel X G, Point E
BP 45034 Dakar FANN
(00221) 33 825 98 58 / 77 242 25 08
senharmattan@gmail.com

L'HARMATTAN TOGO
1771, Bd du 13 janvier
BP 414 Lomé
Tél : 00 228 2201792
gerry@taama.net

639912 - Février 2016
Achevé d'imprimer par

1livre.com
du rêve à la réalité !